국제정치와 정체성

국제정치와 정체성

2022년 5월 23일 초판 1쇄 찍음
2022년 5월 31일 초판 1쇄 펴냄

지은이 은용수

편집 김천희
디자인 김진운
마케팅 최민규

펴낸이 고하영
펴낸곳 ㈜사회평론아카데미
등록번호 2013-000247(2013년 8월 23일)
전화 02-326-1545 팩스 02-326-1626
주소 03993 서울특별시 마포구 월드컵북로6길 56

이메일 academy@sapyoung.com
홈페이지 www.sapyoung.com

ISBN 979-11-6707-061-6

국제정치와 정체성

은용수 지음

사회평론아카데미

차례

서문

시작은 소논문이었다. 구성주의 이론, 특히 국제정치학 분야의 정체성 이론과 연구들을 정리해보고 기존 연구에 어떤 한계가 있는지 살펴보자는 생각으로 시작했다. 하지만 금세 분량이 늘어나리라는 것을 직감할 수 있었다. 우선 지난 30여 년간 확장된 구성주의와 정체성 연구문헌들을 정리하는 것만 하더라도 만만치 않은 작업이었기 때문이다. 1990년대 초반 국제정치학계에 본격적으로 등장한 구성주의와 정체성 연구는 지속적으로 늘어나고 발전하면서 현재까지 수많은 관련 연구문헌들이 출판되었다. 전 세계 30개국 이상의 국제정치학자들을 대상으로 실시된 국제설문조사Teaching,

Research, and International Policy Project: TRIP Project에서 구성주의는 현재 가장 '선호되는' 이론 패러다임이며, 2019년 한국의 국제정치학자들을 대상으로 한국국제정치학회 KISA에서 실시한 설문조사에서도 구성주의가 자유주의보다 더 큰 관심을 받고 활용되는 '주류'의 이론으로 나타나기도 했다. 그렇다고 기존의 모든 문헌을 총망라하여 정리할 생각은 없었다. 오히려 이런 작업은 불필요하다고 판단했다. 정치학자들 모두 동의할 수 있듯이 중요한 것은 단순 나열description이 아닌 체계적 분석이다. 그래서 목표를 다시 수정했다. 그렇다면 연구지형도를 그려보자. 구성주의와 정체성 연구집단과 연구문헌을 정치학에서 많이 활용되는 유형화typology라는 방법을 통해 큰 줄기와 형상을 매핑mapping하는 것으로 방향을 잡고 기존 연구에 대한 검토와 분석을 진행했다. 그럼에도 이 역시 소논문으로는 감당이 안 되는 작업이었다. 절충안으로 생각한 것이 바로 책 출판이었다. 다만 가능하다면 들고 다니면서 읽기 편한 작은 책이 되길 원했다. 직업적 소명(?)으로 책을 달고 사는 사람이지만, 나도 수백 쪽이 넘는 무거운 책들은 심호흡을 크게 몇 번 하고 나서야 시작할 수 있다. 그래서 (만약 책으로 출판된다면) 가벼운 마음으로 집어 들고 작은 들숨 한 번 정도로 첫 쪽을 쉽게 넘길 수 있는 책이 되길 바랐다. 특히 국제정치를 공부하는 학문 후속 세대들이 쉽게 접근할 수 있는 가격과 판형이라면 더욱 좋을 것이다.

또한 가볍게 접근하고 쉽게 소장할 수 있되 그 내용은 결코 가볍지 않길 원했다. 그래서 심혈을 기울여 진행한 작업이 두 가지 있다. 하나는 연구지형도를 매핑할 때 기존의 방식에 머물지 않는 것이었다. 구성주의와 정체성 연구들을 정리하고 검토하는 작업은 이미 여럿 진행된 바 있다. 이 연구들은 주로 안보, 경제, 제도 등과 같은 특정한 이슈 영역에 따라 정체성 연구를 시계열적으로 정리하는 경향이 있었다. 혹은 잘 알려진 구성주의의 내부 분열(전통적 구성주의 vs. 비판적 구성주의)을 기준으로 나뉜 두 진영camp에서 서로가 지향하는 이론적 특징과 대표적인 학자들을 언급하는 방식을 취하곤 했다. 물론 이러한 작업은 우리에게 많은 것을 알려주었다. 하지만 동시에 한계 역시 보였다. '존재'에 대한 논의와 설명이 빠져 있었다. 구성주의를 포함한 모든 이론이나 개념은 존재론, 즉 무엇이 존재하는가, 그리고 무엇을 존재의 조건으로 볼 수 있는가에 대한 특정한 입장을 취하고 있다. 비록 외형적으로나 명시적으로 드러나 있지 않다고 하더라도 구성주의 이론과 정체성이라는 개념 역시 마찬가지이다. 연구(자)들마다 정체성을 어떤 존재로 이해하는지에 대한 특정한 입장이 있으며 이에 준거하여 상이한 인식론적, 이론적, 경험분석적 특징을 보인다. 로버트 콕스Robert Cox의 말처럼, "어떤 연구이든, 존재론은 그것의 시작에 놓여 있는 것이다"(Cox 1996, 144). 바로 이러한 측면에서 필자는 정체성 연구들의 존재론적 입장이 무엇인지를 먼저 파악하고 이를 기초로 다시금 연구들의 인식론적, 이론적,

경험분석적 정향orientations을 체계적으로 연결하면서 일종의 정체성 연구의 '유형적 지도typological map'를 그려보았다. 이러한 지도 그리기mapping 작업을 바탕으로 구성주의와 정체성 연구가 봉착한 한계나 문제점을 새롭게 발견할 수 있었다.

그렇다면 이를 어떻게 극복할 수 있을까? 이것이 심혈을 기울인 두 번째 작업이었다. 한계나 문제점에 대한 설득력 있고 깊이 있는 답을 제시하고 싶었다. 이를 위해 전공하지 않았던 현대철학을 공부했고, 특히 질 들뢰즈Gilles Deleuze의 저서와 그의 생성존재론을 논한 많은 책과 문헌들을 열심히 찾아 읽었다. 구성주의 이론과 정체성 연구 프로그램의 한계를 극복하는 데 매우 풍부한 지적 자원을 제공받을 수 있다고 생각했기 때문이다. 본문에서 제시한, "되어가는becoming 다양체"로서의 정체성은 그간의 공부와 고민의 결과라고 할 수 있다. 이러한 개념은, 들뢰즈의 언어를 빌려 말하자면, 필자의 수많은 미분화 주체들이 지난 수년간 들뢰즈를 읽고 그와 마주치고 얽히면서 창조된 하나의 '기계'라고도 할 수 있다. 이미 언급한 것처럼 생성존재론이나 이에 기초한 "되어가는 다양체"라는 나의 아이디어는 국제정치학연구에 있어서 매우 생소한 시각이다. 2021년 현재까지 이와 같은 개념이나 혹은 들뢰즈의 형이상학을 기초로 구성주의 이론을 재해석하거나 정체성 개념을 재구성한 시도는 국내외 문헌에서 찾아볼 수 없다. 하지만 필자는 그 생소한 접근이 구성주의 이론과 정체성 연구 프로그램을 한 단계 더 발전시킬 수 있는 매우 유용한 출발점이 될 수 있다고 믿는다.

가벼운 마음으로 책을 읽기 시작하지만 결코 가벼운 마음으로 끝나지 않길 바란다. 많은 논쟁과 비평, 보완이 생성되길 바란다. 더 큰 욕심을 내보자면, 이 책이 구성주의, 특히 정체성 연구를 제대로 이해하기 위해 반드시 읽어야 할 일종의 "must read"가 되길 희망한다.

이 책이 출판되는 데 많은 분들의 도움을 받았다. 누

구보다 먼저 박건영 교수님께 감사드린다. 이 책이 출판되기 전, 초고를 읽어 보시고 큰 도움이 되는 비평을 해주셨다. 사실 선생님은 필자가 썼던 이전의 글들에 대해서도 여러 차례 꼼꼼하고 날카로운 비평을 통해 가르침을 아낌없이 주셨다. 다시금, 진심으로 감사드린다. 마찬가지로 필자에게 지혜를 흔쾌히 나눠주신 류석진 교수님, 신욱희 교수님, 전재성 교수님께 깊은 감사의 말씀을 드리고 싶다. 지난 수년간 여러 자리에 불러 주셔서 선생님들과 함께 고민하고, 선생님들로부터 배울 수 있었다. 나에겐 큰 행운이었다. 이 책에 제시된 생각들이 숙성될 수 있는 소중한 기회였다. 더불어 사회평론 선생님들께도 깊은 감사의 마음을 전한다. 특히 김천희 선생님, 고하영 선생님과의 만남은 이 책을 완성할 수 있는 커다란 동력이 되었다.

앞으로 『대안적 국제정치학』이라는 다소 거창한 제목으로 또 하나의 책을 내고자 한다. 이번 책에서 제시한 많은 생각의 조각들은 『대안적 국제정치학』을 통해 다시금, 그리고 새롭게 녹아 들어갈 것이다. 그러면서 탈식민주의 이론, 감정연구, 버내큘러 안보학, 양자적 우주론 등과 같은 또다른 대안적 시각들을 연결시키고 종합하여 국제정치를 '다르게' 볼 수 있는 장을 만들어보고자 한다. 조금 더 무거운 책이 되지 않을까 싶다. 물론 그때도 여전히 부족함은 남아 있을 수 있다. 그럼에도 미루거나 도망가지 않고 저 넓은 사유의 지평에 필자의 고원plateau 하나가 작지만 또렷이 드러날 수 있도록 정진하겠다는 다짐으로 필자의 부족함을 애써 넘어가본다. 여러 가지 방식과 모양으로 도움을 주신 많은 분들께 다시금 감사의 마음을 전한다. 마지막으로 이 책을 어머니에게 바친다. 1991년 겨울, 36년의 짧은 생을 살고 가셨지만 나는 오늘도 흐놀며 함께 걷는다.

2022년
저자 은용수

제1장

구성주의 이론과 정체성:
연구지형의 형성 과정과 주요 생김새

1. 들어가며

책의 서두부터 명료하게 밝히고자 한다. 이 책의 목적은 국제정치학에서 어떻게 하면 정체성을 더 잘 이해할 수 있는가 하는 질문에 '이론적'으로 답하는 것이다. 이 질문에 대한 적절한 답을 찾는 것은 구성주의 이론의 정체성 연구 프로그램을 더욱 진화시키고 발전시킬 수 있는 계기를 마련하는 것이기도 하다. 그리고 이는 매우 중요한 시도라고 할 수 있다. 구성주의는 현재 국제정치학계에서 가장 '선호되는' 이론 패러다임이다. 예를 들어, 미국의 윌리엄 앤 메리William & Mary 대학의 연구진들이 전 세계 36개국의 국제정치학자들을 대상으로 2017~2018년도에 실시한 국제설문조사TRIP Project에 따르면 미국과 유럽의 국제정치학자 다수는 구성주의 이론을 통해 국제문제를 설명하고 이해하는 것으로 조사되었다. 또한 한국의 국제정치학자들을 대상으로 한국국제정치학회가 2019년도에 진행한 설문조사에서도 구성주의가 자유주의보다 더 큰 관심을 받고 활용되는 '주류'의 이론 중 하나로 나타난 바 있다. 주지하듯이 구성주의 이론의 견고한 핵hard core에는 정체성이라는 사회적 개념이 놓여 있으며, 따라서 정체성을 '더 잘' 이해할 수 있다면 구성주의 이론의 발전은 물론이고 국제정치학계의 지적 진보에도 의미 있는 공헌을 할 수 있다.

물론 이와 같은 목적을 달성하기 위해서는 매우 방대한 작업이 필요하다. 무엇보다 먼저 다음의 두 질문에 대한 답을 찾아야만 한다. 첫째, 국제정치학에서는 그동안 정체성을 어떠한 존재로 이해하면서 어떻게 이론화하고 분석해왔는가? 둘째, 이러한 기존 연구들의 특징과 한계는 무엇이고 이 책에서 추구하는 입장과는 어떤 차이가 있는가? 달리 말해, 그동안 국제정치학에서 진행된 정체성 연구들의 존재론적 기초, 인식론, 그리고 이론분석적 입장은 무엇이고 그것들은 각각 어떠한 특징을 갖고 어떤 성과를 이루었으며 동시에 남아 있는 한계는 무엇인지를 파악해야만 이 책의 목적인 어떻게 하면 정체성을 '더 잘' 이해할 수 있는가에 답할 수 있으며 이를 통해 구성주의 이론의 발전에 공헌할 수 있을 것이다. 이러한 질문들에 대한 답으로 우선 필자는 국제정치학의 정체성 연구를 유형화하여 일종의 정체성 연구의 '유형적 지도'를 만들고자 한다. 특히 여기에서 이 책은 타 연구에서 그간 진행한 바 있는 검토 작업과 큰 차별성을 갖는다. 주지하듯이 기존의 검토 작업은 주로 어떤 이슈 영역에서 정체성이 연구되어왔는지를 파악하거나 이 연구들이 어떤 이론적 지향을 갖고 있는지를 서술하는 것에 초점을 맞추었다. 즉, 정체성 연구

(자)들의 분석적 입장과 이론적 입장을 검토하는 것을 유형화의 주요한 기준점으로 삼아온 것이다. 이와 달리 이 책에서는 존재론의 시각을 중심에 두고 여기에 인식론적 입장, 이론적 입장, 분석적 입장 모두를 연결시키면서 종합적이고 체계적인 정체성 연구의 유형적 지도를 도출한다.

지난 30여 년간 진행되어온 정체성 관련 연구문헌들을 이와 같은 방식으로 파악한 결과에 대한 자세한 설명은 후술할 것이다. 우선 여기에서 간략히 요약하자면 다음과 같이 정리할 수 있다. 기존 연구들은 크게 보아 두 갈래의 지형으로 나눌 수 있는데, 이 중 하나는 (명시적 혹은 암묵적으로) 정체성이라는 존재를 안정된 '실체'로 전제하면서 국가의 외교행위에 영향을 끼치는 중요한 인과적 '변수variable'로 접근하는 입장이다. 구성주의 계열에서도 실증주의에 기반한 '전통적conventional' 구성주의 연구들이 여기에 속하는데, 이들은 국제정치학계의 정체성 연구집단에서 주류를 점하고 있다. 이와 반대로, 정체성은 실체가 아니며 오히려 매우 불안정하고 유동적인 의미집합이기 때문에 어떠한 설명변수나 분석적 범주로 여겨질 수 없다고 보는 입장이 있다. 이는 구성주의에서도 탈구조주의나 포스트모더니즘 계열을 따르는 '비판적critical' 혹은 '급진적radical' 구성주의 연구들이 견지하고 있는 시각이라고 할 수 있다.

이러한 양 갈래의 연구지형도에서 필자의 입장은 전자와 후자 모두에 속하지 않는다. 무엇보다 먼저 정체성을 실증주의적 실체로 볼 수 없다고 주장하면서 전자와는 다른 입장을 견지한다. 하지만 동시에 정체성은 행위에 영향을 끼치는 분명한 사회적 현실이며 경험적 사건이기 때문에 분석적 범주와 변수로도 여겨질 수 있다고 주장하면서 후자의 연구 유형과도 다른 입장을 피력할 것이다. 요컨대 양측의 입장을 모두 넘어 '더 잘' 이해할 수 있는 제3의 대안적 시각을 제시하고자 하는 것이 이 책의 주된 목적이다. 이는 제3장부터 본격적으로 논의할 예정인데, 여기에서 정체성에 대한 존재론적 사유가 본격적으로 진행된다. 정체성을 더 잘 이해하기 위해서는, 달리 말해 더 나은 인식론과 분석 방법을 모색하고 적용하기 위해서는 정체성이란 과연 어떤 '존재'인지를 먼저 파악해야 하기 때문이다. 이를 위해 이 책에서는 생生철학으로 알려진 현대철학의 사유들, 특히나 프랑스의 현대사상가 질 들뢰즈의 통찰에 기초하여 그의 생성존재론[1]과 '배치assemblage' 이론을 원용할 예정이다. 들뢰즈의 생성존재론으로 정체성이라는 존재를 재기초re-grounding할 때 비로소 양측(전통적 구성주의 vs. 비판적 구성주의)의 상반된 입장을 모두 포괄할 수 있게 되고, 따라서 더 나은 정체성 연구 프로그램을 확보할 수 있음을 논증하고자 한다.

이처럼 이 책에서는 순수이론 연구를 진행한다. 물론 모든 연구는 이론을 수반한다. 경험적 사례만을 다루는

1　들뢰즈의 생성존재론은 내재의immanence 존재론, 잠재의virtual 존재론, 일의적univocal 존재론 등으로 불리기도 하는데, 이에 대한 배경은 제3장에서 자세히 논의할 것이다

연구라 할지라도 그 사례를 선택하는 행위 자체에 이론이 (의식적 혹은 무의식적으로) 개입될 수밖에 없다는 사실을 상기해보면 이론을 벗어나 있는 연구는 존재할 수 없다. 그럼에도 굳이 필자가 이 책을 '순수'이론 연구라고 명시적으로 표명한 이유는 통상적인 이론 연구들과 매우 다르게 논증이 전개되기 때문이다. 흔히 이론(적) 연구라고 불리는 논문들은 이론에 대한 소개를 하고 경험적 사례나 정제된 데이터를 통해 그 이론을 적용하거나 검증한 뒤 이론적(혹은 정책적) 함의를 끌어내는 방식으로 정형화되어 있다. 이와 달리 이 책에서는 경험적 사례를 하나의 절로 떼어서 다루지 않을뿐더러 이론의 적용이나 검증을 경험적·현상적 수준에서 진행하지도 않는다. 대신 구성주의와 정체성이라는 이론과 개념 그 자체(그것들의 존재론과 인식론 자체)를 고찰하면서 그것의 '토대'가 얼마나 견고한지를 점검하고자 한다. 요컨대 '두터운' 혹은 '깊은' 이론화thick or deep theorising 를 진행하는 것이다. 나아가 구성주의와 정체성을 다루

24

어왔던 기존 연구들의 내적 논리를 논박한다. 과학철학이나 논리철학에서 강조하는 '메타논증meta-reasoning'을 수행하는 것이다. 이론의 기반과 논리에 대한 이와 같은 메타이론적 검증은 매우 중요한 지적 작업이다. 왜냐하면 이는 이론의 타당성 혹은 유용성에 대한 검증과 비판의 수준과 범위를 크게 확장하여 이론의 외형(즉, 이론적 주장과 예측)의 기저에 놓여 있는 논리적 토대를 적극적으로 성찰하고 비판하는 행위이며, 따라서 해당 이론과 연구 프로그램의 발전뿐만 아니라 그 이론이 활용되는 지식장field 전체의 지적 진보에도 큰 도움이 될 수 있기 때문이다(Reus-Smit 2013; Guzzini 2013). 이를 정체성 연구라는 맥락에서 다시 풀어 말해보면, 정체성에 대한 더 나은 방법론을 찾아서 경험적으로 적용하고 분석해보기 위해서는 정체성이란 과연 어떤 존재이며, 어떻게 그러한 존재를 이해할 수 있는지를 먼저 논리적으로 파악하고 있어야 한다. 요컨대 '존재'에 대한 이론적 논의가 풍부하게 진행될 때 비로소 그 존재에 대한 풍부한 '실증'도 가능해지는 것이다. 나아가 이러한 메타이론적 논의, 특히 존재론은 결코 형이상학적 차원에만 머물지 않는다. 오히려 현실세계와 불가분의 관계에 있다. 정치권력의 기본적 작동메커니즘이라 할 수 있는 인정과 불인정 혹은 포함과 배제라는 양분적 구별은 바로 존재론으로부터 시작되는 것이다(Wight 2006). 어떤 존재론을 받아들이는가에 따라, 인정되는 (즉 존재적 지위를 갖는) 세계와 그 세계의 구성(원)자는 달라지게 되기 때문이다. 따라서 존재론에 대한 논의는 더 나은 실증경험적 분석을 위해서뿐만 아니라 더 나은 현실세계의 구성을 위해서도 필수적이다. 이 책의 첫 번째 학술적 공헌은 바로 여기에 있다.

이와 더불어 이 책에서는 이미 밝힌 바와 같이 지난 30여 년간 국제정치학계에서 정체성이 어떻게 연구되어왔는지를 검토하고 그것을 유형화한다. 그동안 정체성과 관련된 수많은 연구문헌들이 게재되고 출판되었다는 사실을 상기해볼 때 유형화를 위한 문헌 검토와 분석은 상당히 많은 시간과 노력을 필요로 한다. 그럼에도 이와 같은 유형화 작업은 정체성을 탐구하고 있는 기성 학자들과 후속 연구자들에게, 나아가 구성주의를 회의적으로 바라보는 연구자들에게도 각자의 논의를 더욱 견고하게 할 수 있는 유용한 참고점이 될 수 있기 때문에 매우 중요하다. 이는 이 책에서 제공하는 또 하나의 학술적 공헌이라고 할 수 있다. 더욱이 기존의 검토 작업이 이슈 영역이나 이론적 지향이라는 기준점을 갖고 정체성이 어떻게 연구되어왔는지를 서술하는 것에 머물러 있었다면, 이 책에서는 이를 인식론과 존재론으로까지 확장하여 체계적이고 포괄적으로 정체성 연구문헌들을 검토하고 유형화한다. 이처럼 확장된 유형적 지도 그리기typological mapping 작업은 한국어 문헌과 영미권 문헌 모두에서 찾아볼 수 없다. 기존 연구의 공백gap을 채운다는 측면에서도 이 책의 학술적 공헌도를 확인할 수 있을 것이다.

2. 연구지형도 그리기: 지형의 형성과 주요 생김새

　정체성에 관한 연구문헌은 말 그대로 방대하다. 따라서 소논문에서는 말할 것도 없고 분량의 제한에서 비교적 자유로운 저서를 통해서도 관련된 모든 연구를 하나씩 소개하는 것은 불가능하며 한편으로는 불필요하기도 하다. 지형도를 그려내는 입장에서는 지형의 주요한 생김새들이 만들어지는 시기 혹은 계기를 포착하고 그러한 변곡점을 중심으로 지형의 전체적인 양태나 양상을 적절히 재현하는 것이 더욱 중요하다. 이런 관점에서 1990년대를 주목할 필요가 있다. 우선 양적으로 볼 때 정체성 연구의 가시적인 증가가 1990년대부터 시작되었기 때문이다. 하버드 대학의 웨더헤드 국제관계 연구센터Weatherhead Center for International Relations에서 진행한 "하버드 정체성 프로젝트Harvard Identity Project"에 따르면, 국제정치학계에서 정체성에 관한 관심은 1990년대부터 본격적으로 증가했으며, 특히 1993년에서

1995년을 기점으로 주요 학술지에 동시다발적으로 관련 문헌들이 게재되면서 정체성 연구가 큰 폭의 양적 증가를 보였다(Horowitz 2002). 물론 정체성과 연관되어 있는 연구문헌들은 1990년대 이전부터 있었으며 정체성을 상기시키는 유사한 개념, 예를 들어 민족주의, 국가 이미지 등을 외교정책 결정요인으로 분석하는 연구들 역시 오래전부터 존재했으나(Boulding 1959; Holsti 1970; Jervis 1976), 행태(과학)주의가 주류를 점하고 있던 1960~1970년대의 국제정치학계에서는 정체성이 "비밀스러운esoteric" 개념으로 취급되면서 실증과학적으로 조작화나 변수화될 수 없는 일종의 잔여적 연구 범주로 주변화되어 있었다(Berenskoetter 2017).

따라서 정체성을 명시적이고 독립된 하나의 개념과 분석 단위로 취하는 연구들이 일종의 연구 프로그램 성격으로 자리 잡기 시작한 시기는 1990년대 초반이라고 할 수 있으며 이는 무엇보다 당대에 등장한 구성주의 이론, 그리고 넓게는 사회과학 전반에 전회turn의 성격으로 주목받은 포스트모더니즘과 그 궤를 같이한다. 물론 이러한 등장은 냉전의 종식이라는 시대적 전환으로부터 추동된 측면 역시 크다고 할 수 있다. 물리저 권력 자원을 중심으로 냉전체제와 국제관계를 논했던 기존의 이론들이 냉전의 평화로운 종식을 예견하는 데 실패하면서 연구자들은 자연스럽게 대안적인 이론과 개념에 눈을 돌리게 되었고, 이전과 달리 관념적 요소와 국제체제의 가변성이 이론의 핵심 논리가 되는 구성주의가 이러한 시대적 요구에 적절한 대응으로 보였기 때문이다.

특히 1990년대 초·중반의 구성주의 이론가들이 정체성을 국제관계이론의 "근본 개념fundamental concept"으로 받아들이면서 정체성 연구는 국제정치학계에 자리잡을 수 있는 일종의 주춧돌 역할을 했다고 볼 수 있다 (Bloom 1990; Campbell 1992; Wendt 1992; Jepperson, Wendt, and Katzenstein 1996). 이들은 국가를 포함하여 "누구도 정체성이 없이는 존재 자체가 불가능하다No body could be without it"라는 인식부터(Campbell 1992, 9) 정체성이 없는 세계는 "혼돈chaos"의 세계이며 무정부적 세계anarchy보다 "더 위험할 것"(Hopf 1998, 175)이라는 판단까지 말 그대로 정체성을 국제관계의 존재적 근간이자 규범적 필수요건으로 받아들일 수 있는 이론적 논의를 전개했다. 나아가 어떻게 무정부적 국제체제가 현실주의적 생존논리를 넘어 복수의 구조적 속성들 혹은 "문화들cultures"을 갖는 가변적인 체제로 작동될 수 있는지를 집단정체성과 행위-구조 상호구성 메커니즘을 매개로 설득력 있게 논증하기도 했다(Wendt 1992; 1994; 1999).

이를 뒤잇는 연구들은 좀 더 구체적인 이슈 영역에서 정체성을 분석하는 양상을 보여왔다. 이 중에 가장 눈에 띄는 흐름은 정체성-국익연계identity-interest nexus 혹은 정체성-외교행위연계identity-action nexus 분석이라고 할 수 있다. "효용성 극대화utility maximization"라는 개념으로 국익을 정의했던 기왕의 합리적 선택론이나 합리성 기반의 현실주의 및 자유주의 계열의 이론들과 달리 구성주의 이론들은 "국익의 내용과 형식을 만들어내는 것이 곧 정체성이다"(Jepperson et al. 1996, 60)라는 출발전제를 갖고 외교정책과 국제관계를 정체성 중심으로 재해석한 것이다(Finnemore 1996; Finnemore and Sikkink 1998; Weldes 1999; Banchoff 1999; Wendt 1999). 알렉산더 웬트Alexander Wendt가 간명히 언급했듯이, "행위자는 자신이 누구인지(즉, 정체성)를 알지 못하면 무엇을 원하는지도 알 수 없다"라는 전제하에 정체성이 곧 국익을 구성한다는 논리를 전개한 것이다(Wendt 1999, 231). 이와 관련하여 영토적 공간이라는 고정적 개념을 중심으로 국가를 이해하는 베스트팔렌 주권국가모델을 집단정체성의 역사적 변이 과정으로 "해체하는deconstruct" 연구들도 많이 등장했다(Ruggie 1993; Waever et al. 1993; Biersteker and Weber 1996; Reus-Smit 1999). 이와 같은 경향은 국제정치적 '변화'를 이해하는 데에서 정체성을 주목하는 연구로도 이어

졌다. 정체성의 변화가 국가의 정치제도 및 거버넌스, 나아가 국제체제의 변화로 이어질 수 있음을 보여준 것이다(Koslowski and Kratochwill 1994; Berger 1996; Checkel 1999; Hall 1999).

이 시기의 정체성 연구자들은 국가의 "정체성 위기 관리identity management", 즉 정부의 "일관된" 정체성 유지라는 관점에서 외교정책의 결정동학을 분석하기도 했다(Weldes 1999; Barnett 1999; Steele 2005). 나아가 국제규범과 국가의 정체성 간의 상호작용을 살펴보거나 서로 이질적인 정체성과 국제분쟁 간의 상관관계를 추적하면서(Mercer 1995; Checkel 1999; Gries 2005; Gartzke and Gleditsch 2006) 정체성을 안보딜레마의 기제나 국제기구의 군사적 개입 기제로 다루기도 했다(Weber 1995; Crawford and Lipschutz 1997; Fearon and Laitin 2000). 이와 함께 냉전 종식 후 증가한 지역 내의 다자적 경제 및 안보 공동체의 형성, 유지, 변화를 정체성의 관점에서 분석한 연구들도 다수 등장했다

(Risse-Kappen 1996; Katzenstein 1996a; Ruggie 1998b; Adler and Barnett 1998; Cronin 1999; Acharya 2000; 2001). 예를 들어, 현실주의 이론에 일종의 퍼즐과 같았던 냉전 이후 유럽연합이나 나토NATO의 확장 혹은 진화를 "유럽 정체성European identity"이나 "정체성의 유럽화 Europeanization of identity"라는 관점에서 설명하면서 국제정치연구에 대안적이면서도 중요한 시각을 제공한 것이다(Diez 1999; 2004; Green Cowles et al. 2001; Checkel 2001; Waever 2002; Maier and Risse 2003; Herrmann et al. 2004).

이처럼 구성주의 계열의 연구들은 1980년대까지 오랫동안 일종의 잔여적residual 범주로 취급되어온 정체성을 국제정치학의 핵심적 개념으로 끌어올리는 데 매우 중요한 공헌을 해왔다고 할 수 있다. 로저 스미스Rogers Smith의 말을 빌리자면, 이제 학계는 정체성을 "규범적으로 중요하고 행태적으로 중대한the most normatively significant and behaviorally consequential" 정치요소로 받아들이고 있는 것이다(Smith 2004, 302). 한걸음 더 나아가 1990년대 초반부터 2000년대 중반을 거치면서 정체성 연구는 더욱 확장되고 다양화하는 양상을 보이면서 국제정치학계의 '중심부'에 자리 잡게 되었다고 볼 수 있다. 이러한 변화는 정체성 연구가 더 이상 (탈실증주의적) 구성주의의 전유물이 아님을 의미한다.[2] 오히려 2000년대를 지나면서 현재까지의 정체성 연구는 실증주의 인식론을 기반으로 하는 연구(자)들에 의해 경험적 분석의 대상으로 활발하게 진행되고 있는 것이 사실이다. 이러한 변화에 중요한 기점을 제공한 연구가 바로 하버드 대학을 거점으로 둔 연구자들의 논문 「변수로서의 정체성Identity as a Variable」이다. 이에 대해서는 자세히 소개할 필요가 있을 것으로 보인다.

라위 압델랄Rawi Abdelal, 요시코 허레라Yoshiko Herrera, 앨러스테어 존스턴Alastair Johnston, 로제 맥더모트Rose Mc-

---

2   이러한 변화 과정은 곧 구성주의 패러다임의 내적 분화를 시사하는 것이기도 하다. 이에 대한 자세한 설명은 다음 절에서 진행할 것이다.

Dermott로 이루어진 공동연구팀은 정체성을 중요한 분석 단위로 인정하는 것을 넘어 하나의 기능적 (설명/독립) '변수'로 사용하기 위한 개념적 조작화와 방법론적 정밀화를 진행했다. 이들은 우선 정체성을 내용과 경합content and contestation이라는 두 차원으로 나뉘어 조합되는 "사회적 범주social category"로 정의하고, 내용content 차원을 다시 "구성적 규범, 사회적 목적, 상대적 비교, 인지모델constitutive norms, social purposes, relational comparisons, cognitive models"이라는 4개의 형식으로 구별한다. "구성적 규범"은 집단(자격)을 규정하는 공식적 혹은 비공식적 규칙이고, "사회적 목적"은 그 집단의 구성원이 공유하고 있는 공통의 목표이며, "상대적 비교"는 타 집단과 구별되는 특성, "인지모델"은 집단 구성원이 공유하고 있는 정치경제적 조건에 대한 이해와 세계관을 의미한다. 요컨대 이 4개의 형식을 채우고 있는 내용물이 바로 정체성의 콘텐츠contents가 된다고 보는 것이다. 경합은 이러한 콘텐츠에 대해 사회 구성원이 어느 정도 합의하는지, 즉 "합의 정도the degree of agreement"를 의미한다(Abdelal et al. 2006, 695-700). 이처럼 정체성을 형식별로 세분화한 것은 조작화operationalization를 용이하게 하여 독립된 변수로 사용하고자 하는 의도에서 비롯되었다고 볼 수 있다. 물론 실증주의적 관점, 특히 경험주의 인식론의 관점에서 더욱 중요한 것은 이와 같이 분석 개념적으로 체계화된 정체성을 어떻게 방법론적으로 재현하고 입증할 것인가 하는 문제이다. 연구진은 이를 위해 총 6개의 방법(테크닉)을 제시한다. 우선 정체성 연구에서 통상적으로 쓰이는 (양적 분석과 질적 분석이 모두 가능한) 담론분석법과 (양적 분석으로 이루어지는) 내용분석법 및 설문조사법survey을 소개한다. 더불어 행위자의 역할 선호를 환경적 조건의 조작을 통해 파악할 수 있는 실험방법experiments, 컴퓨터 시뮬레이션을 통한 행위자 중심 모델링agent-based modelling, 그리고 정책결정 관련 주요 텍스트를 원인과 결과의 관계로 분할하여 행위의 유용성utility을 파악할 수 있는 인지 매핑

cognitive mapping 등 잘 알려져 있지 않은 양적 분석법을
상술하면서(Abdelal et al. 2006, 701-705) 정체성의 실증
경험적 연구가 활성화될 수 있는 계기를 마련했다고 볼
수 있다.

이후 실증주의 기반의 정체성 연구들은 지속적으로
증가했는데, 이는 구성주의 이론의 분화(혹은 실증주의
화)라는 변화 과정과도 맞물려 있는 현상이라고 할 수
있다. 초기의 구성주의는 기왕의 (현실주의 및 자유주의
로 대표되는) 합리주의 이론들과 달리 국제정치라는 세
계의 존재를 행위-구조의 관념적 상호구성이라는 시
각으로 재정의하고 이러한 관념(일원)적 존재론을 공
유하면서 하나의 패러다임으로 유지되어왔다. 그러나
존재론 중심의 구성주의 연구들이 1990년대 중·후반
을 기점으로 인식론적으로 분화되기 시작하면서 일부
는 실증주의 인식론에 기반한 구성주의 연구를 진행
하는 방향으로, 다른 일부는 탈실증주의(특히 탈구조주
의와 포스트모더니즘)에 기반한 구성주의 연구를 진행

하는 방향으로 나뉘게 되었다. 이런 측면에서 볼 때 현재의 구성주의는 크게 보아 두 갈래로 양분된 상태에 머물러 있다고 할 수 있다. 전자를 대개 "전통적" 혹은 "온건한(moderate)" 구성주의로, 후자를 "비판적" 혹은 "급진적" 구성주의라고 칭한다.[3] 주지하듯이 이 두 입장 중에서 주류는 전자이며,[4] 따라서 실증주의적 기반의 "전통적" 구성주의라는 이론적 지향을 갖는 정체성 연구가 증가하는 것은 당연한 귀결이라고도 할 수 있다. 그리고 이러한 경향을 추동한 대표적인 연구가 테드 호프Ted Hopf와 벤틀리 앨런Bentley Allan이 주도한 "국가 정체성 데이터베이스 구축Building a National Identity Da-

---

3 일부에서는 전자를 "근대적modern" 혹은 "얇은thin" 구성주의로, 후자를 "탈근대적postmodern" 혹은 "두터운thick" 구성주의로 칭하기도 한다(Ruggie 1998a, 880-82; Hopf 1998, 182-83; Checkel 1998).

4 36개국의 국제정치학자들을 대상으로 최근 실시된 국제설문조사TRIP Project 결과는 구성주의 중에서도 규범과 사회제도를 분석 대상으로 삼는 '전통적' 구성주의 연구자들이 구성주의 패러다임의 절대다수임을 잘 보여준다. 자세한 결과는 다음 링크에서 확인할 수 있다. https://trip.wm.edu/data/our-surveys/faculty-survey(접속일: 2021년 4월 18일).

tabase 프로젝트"이다.

이들은 구성주의자로서 정체성을 실증적으로 분석하고, 특히 정체성을 독립변수로 검증하기 위한 다수 사례large-N 연구가 가능하도록 미국, 영국, 프랑스, 독일, 중국, 브라질, 인도, 일본 등 세계 주요국들의 정체성을 양적 방법과 질적 방법이 혼합된 통합분석법으로 조사하고 비교 분석하여 하나의 종합적인 데이터 세트를 개발했다. 국가의 역할, 지위, 가치를 언급하거나 재현하는 (정부문서는 물론이고 영화와 소설까지) 매우 다양한 텍스트들을 양적으로 분석하고 해석학적으로 맥락화하면서 각국의 정체성을 정치와 경제라는 두 축으로 대별해 분석했고, 그 연구결과물을 *Making Identity Count*라는 저서로 출판했다(Hopf and Allan 2016). 이렇게 구축된 데이터 세트를 기초로 이들은 미국과 중국 간의 세력경쟁하에 향후 국제질서의 미래를 예견하는 연구를 진행했고, 이를 서술한 논문이 최근 학술지 *International Organization*에 게재된 바 있다(Allan et al. 2018). 특히 이 논문에서는 미국 주도의 자유주의 국제질서의 부침과 향배를 논하는 데 물질적 요소뿐만 아니라 관념적 요소가 매우 중요하다는 전제하에 "힘의 배분"이라는 통상적(현실주의적) 개념을 "정체성의 배분the distribution of identity"이라는 구성주의적 개념으로 대치하면서 정체성이 국제정치의 일반이론으로 확장되고 실증적으로 분석될 수 있음을 논증하고 있다.

이상에서 살펴본 바와 같이 비록 정체성 연구는 초창기에 국제정치학계의 주변부에 머물러 있었으나 냉전의 종식이라는 시대적 변환과 구성주의라는 새로운 이론의 등장과 맞물리면서 본격적으로 주목받기 시작했고 그 이후 실증주의를 기반으로 하는 연구자들이 정체성의 경험적 분석을 시도하면서 이제는 학계의 중심부에 자리 잡게 되었다고 볼 수 있다. 따라서 2021년 현 시점에서 볼 때 "국제관계에서 정체성이 중요하다identity matters in IR"라는 서술은 더 이상 논쟁의 대상이 아니라 기정 사실로 받아들여진다. 나아가 최근 "부족주의tribalism"라고 불릴 만큼 강력한 "정체성 정치identity politics"가 미국과 유럽의 일부 국가에서 가시적으로 나타나고 있다(Fukuyama 2018). 더욱이 미국과 중국의 세력경쟁을 상이한 정체성(혹은 "문명")들 간의 충돌로 해석하는 논의도 증가하고 있다는 사실은(박건영 2019) 정체성과 이에 대한 깊은 이해가 매우 중대한 국제정치 현실의 문제와 직결된다는 점을 다시금 상기시킨다고 할 수 있다.

제2장

정체성 연구 유형화

1. '실체'로서의 정체성 연구

앞서 살펴본 구성주의와 정체성 연구의 지형이 형성되는 과정에서도 알 수 있듯이, 정체성에 관한 연구와 문헌은 매우 방대하고 그것들이 걸쳐 있는 이슈 영역도 광범위하며 분석수준도 매우 다양하다. 국익과 주권이라는 국제정치의 핵심문제에서부터 내전과 국제분쟁의 요인, 지역기구의 동학, 경제 혹은 안보 공동체의 형성, 패권경쟁과 국제질서의 변환까지 매우 다양하고 폭넓은 이슈 영역을 정체성을 매개로 분석하면서 국제정치연구에 큰 지적 공헌을 해왔다고 할 수 있다. 그럼에도 이러한 연구지형의 단면을 잘라보면 하나로 관통되는 큰 지류를 포착할 수 있다. 이들 모두는 정체성을 '실체'(영문 그대로 표현하자면 'entity' 혹은 'thing')로 전제하고 있다는 사실이다. 이는 정체성이라는 '존재'를 고정되거나 상당히 안정적으로 유지되는 본질적 성질을 갖고 있는 하나의 개체로 여긴다는 의미이다. (과학)철학적 용어를 사용하자면 실체주의substantialism 혹은 본질주의essentialism에 기초한 사유방식이라고 할 수 있다. 이러한 경향은 정체성을 독립'변수'로 취하면서 국가(들)의 외교적 선택 혹은 외교적 행태, 그리고 그것의 결과로 나타나는 국제정치적 사건을 인과적으로 분석하고 설명하는 실증주의 기반의 구성주의 연구에서 명시적으로 나타나는데, 이는 정체성 연구에서 다수의 입장이라고 할 수 있다.

예를 들어, 유럽연합과 같은 지역통합이나 지역공동체를 (집단)정체성이라는 시각으로 설명하는 수많은 연구들을 상기해보자. 앞서 설명한 바와 같이, 이들은 거의 예외 없이 "유럽 정체성" 혹은 "정체성의 유럽화"라는 관점에서 유럽통합을 설명하며(Diez 1999; 2004; Green Cowles et al. 2001; Checkel 2001; Waever 2002; Maier and Risse 2003; Herrmann et al. 2004), 이를 기초로 유럽 국가들 간의 사회화 과정을 제도적 측면에서 논하기도 한다(Checkel 2005).[5] 이러한 연구들은 유럽 정체성이라는, 즉 유럽을 대표하거나 관통하는 공통의 가치나 규범이 상당히 안정된 상태로 현실에 존재하며 이 '것'은 다른 '것'과 구별될 수 있는 유럽만의 본질적 특징이라는 전제에 기초하고 있는 접근이다. 잘 알려진 구성주의 이론가인 제프리 체클Jeffrey Checkel이 자신의

5　예를 들어, *International Organization*의 2005년도 가을호에서는 제프리 체클의 논문을 포함해서 국제정치학과 지역학 분야에서 잘 알려진 학자들의 논문 총 8편을 하나의 특집호(special issue)로 구성해 유럽연합을 유럽의 정체성과 제도적 사회화라는 측면에서 다루고 있다. 이 특집호는 구성주의 및 유럽연합에 관한 여타의 학술문헌에서 지속적으로 인용되고 재생산되고 있다. 다음 링크를 참조하라. https://www.cambridge.org/core/journals/international-organization/issue/1896FD4AFE7DA6D620217590E779FD2F(접속일: 2021년 9월 23일).

논문 서두에서 밝힌 다음과 같은 언급은 이러한 출발전제가 매우 넓게 공유되어 있음을 잘 보여준다(Checkel 2005, 801). "유럽은 다른가? 이 질문에 대한 많은 이들의 답은 자명하다. '물론!'Is Europe different? For many … the answer is obvious: "Of course!"." 이런 맥락에서 앨러스테어 존스턴을 비롯한 여러 구성주의 학자들은 "유럽다움" 혹은 "유럽성European-ness"이라는 용어를 자주 사용한다(Johnston 2005, 1025, 1035). 요컨대 유럽 정체성을 유럽의 본질적 성질이 내포된 실체로 이해하는 것이다.

물론 유럽의 본질적인 성질이 무엇인지에 대해서는 학자마다 다른 견해를 보인다. 자유, 민주, 보편인권, 다문화 및 개방성 등 학자마다 강조점은 상이하다. 그러나 여기서 기억해야 할 중요한 점은 무엇을 유럽의 본질로 하든지 간에 대부분의 관련 연구들이 그러한 '것'이 있다고 전제한다는 사실이다. 이들은 모두 (명시적이든 암묵적이든) 유럽의 정체성을 일종의 유럽'만'의 본질적 특징이 담긴 '실체'로 받아들인 뒤 서로 다른 분석과 설명을 제시하고 있다. 즉, 무엇이 그 실체의 내용을 채우고 있는지에 대한 합의는 비록 없으나 그러한 실체 자체가 존재한다는 전제를 공유하고 있는 것이다.

이러한 논리적 흐름은 지역 간 비교연구에도 그대로 적용된다. 예를 들어, 유럽과 아시아의 지역주의를 비교 분석하는 연구에서도 정체성은 하나의 실체로 등장한다. 크리스토퍼 허머Christopher Hermmer와 피터 카젠스타인Peter Katzeinstein의 논문이 이를 잘 보여준다. 이들은 나토와 같은 안보동맹이 아시아에 부재하는 이유를 설명하는 데 현실주의와 신자유(제도)주의 이론들은 한계가 분명하다고 지적하면서 구성주의를 "절충적eclectic"으로 활용할 것을 주장하지만, 결국 "집단 정체성collective identity"과 그것에서 비롯되는 내집단 vs. 외집단 구별동학을 핵심적 설명 요인으로 강조한다. 이들에 따르면, 당시 미국의 외교안보정책 결정자들은 "자유민주주의"로 대변되는 유럽 정체성과 미국의 정체성을 "동일시하며" 유럽을 내집단으로 인식하여 "비교적 동등하고 우호적인" 다자안보동맹을 유럽에서 추구한 반면 아시아와는 공유되지 않은 정체성으로 인해 "신뢰가 부족"하고 "열등하게" 인식하여 결국 전후 미국의 외교정책 선호가 유럽과 아시아에서 다르게 실현되었다고 설명한다(Hermmer and Katzeinstein 2002, 587-88).

허머와 카젠스타인의 이러한 설명은 그들 스스로 논문에서 밝히고 있듯이 사회심리학의 '사회정체성 이론 social identity theory'을 그대로 적용한 것이다. 이에 따르면, 특정 조건하에서 개인은 자신이 속한 집단(예를 들어, 자신이 살고 있는 지역이나 국가)의 "일원member"으로서 그 집단의 정체성을 통해 자신과 타자를 이분법적으로 구별하여 인식하고 행동하는 경향을 보인다(Turner et al. 1979; Tajfel 1981). 집단정체성을 독립변수로, 개인의 판단과 행위를 종속변수로 놓고 설명하는 것이다. 이는 정체성을 안정적인 실체로 여기는 방식의 전형이라고 할 수 있다. 즉 허머와 카젠스타인의 설명방식은 정체성을 본질적인 (예를 들어, 자유민주주의라는) 속성을 갖고 안정적으로 유지되는, 따라서 내집단과 외집단의 구별 표식marker으로써 기능할 수 있는 실제로 여기는 존재론에 기초하고 있다. 이처럼 정체성을 '실체'로 보는 경향은 유럽(혹은 미국)이라는 서구 지역에 관한 연구에서만 나타나는 것은 아니다. 일본의 외교안보를 정체성의 시각으로 설명하고 있는 연구들, 예를 들어 이미 잘 알려진 토머스 버거Thomas Berger의 연구 혹은 피터 카젠스타인과 노부오 오카와라Nobuo Okawara의 연구를 보자. 이들에 따르면, 일본은 현재 전쟁 포기와 군대 보유의 금지라는 이른바 "비정상abnormality"의 상태에 놓여 있다. 그렇다면 이러한 "비정상" 상태가 지속되고 있는 근본적인 이유는 무엇일까? 카젠스타인과 오카와라는 이에 대한 답을 일본의 "평화적 문화규범"(Katzenstein and Okawara 1993; Katzenstein 1996a; 1996b) 혹은 "반군사주의적 문화"(Berger 1993; 1998)로 대변되는 전후 일본의 정체성에서 찾는다. 이러한 분석이 얼마나 설득력이 있는지는 논쟁의 여지가 있겠으나, 중요한 점은 이들의 연구에서 정체성이 매우 안정적으로 유지되는 본질을 갖는 하나의 실체로 전제되어 있다는 사실이다. 여기에서 평화주의, 반군사주의는 단순히 추상적이고 유동적인 관념이 아니라 일본을 대표하며 일본 사회 속에서 지속성을 갖는 실체, 즉 본질을 갖고 있는 '것thing'으로 이해되고 있다. 이런 맥락에서 카젠스타인은 좀 더 가시적인 실체로 여겨지는 "문화규범cultural norm"이라는 개념을 정체성 연구에서 빈번히 사용한다. 그리고 이는 일본의 외교안보에 관한 구성주의적 후속 연구에도 상당한 영향을 끼친 것으로 확인된다(Catalinac 2007; Singh 2008; Oros 2008; Rozman 2012).

정체성을 실체로 여기는 시각은 지역 정체성regional identity을 분석하는 매우 최근의 연구에서도 출발전제로 작동하고 있다. 예를 들어, 학술지 *Cambridge Review of International Affairs*에서는 2020년 특집호를 통해 중동, 남미, 아프리카 등에 지역 정체성과 이 지역에 속하는 개별국가들의 정체성 간의 "불일치mismatch"가 존재하고 있다고 논하면서 이들을 "어긋난 국가mis-placed states"로 개념화했다. 또한 이러한 불일치가 어떻게 발생했고 개별국가들은 어떻게 자국의 정체성을 지역 정체성과 상이하게 재현하는지 혹은 이와 반대로 어떻게 지역 정체성과 자신의 정체성의 조응을 시도하는지 분석하고 있다.[6] 이는 지역주의(regionalism)와 정체성을 일종의 '행위자-구조' 분석틀로 연계한 흥미로운 연구이지만 정체성이 본질을 갖는 개체적 실체임을 전제로 하고 있다는 측면에서 앞서 소개한 연구들과 같은 유형에 속한다고 할 수 있다. 왜냐하면 "불일치"가 발생한다는 주장은 지역 정체성이 안정적으로 유지되는 실체로서 일종의 '기준'으로 작동하고 있다는 것을 전제

6   다음 링크에서 관련 논문 6개를 모두 확인할 수 있다. https://www.tandfonline.com/doi/full/10.1080/09557571.2020.1723061(접속일: 2021년 6월 20일).

하기 때문이다. 이러한 실체가 존재해야만 그것과 비교하여 "일치" 혹은 "불일치"가 발생할 수 있으며, 이러한 비교를 통해 "불일치"가 발생한 것으로 파악되면 비로소 "어긋난 국가"로 불리게 되는 것이다.

나아가 이와 같은 경향은 미국이나 일본과 같은 개별국가의 정체성 혹은 유럽이나 중동과 같은 지역 정체성 연구에서뿐만 아니라 국제법과 같은 초국가적 제도에 관한 연구에서도 어렵지 않게 발견된다. 예를 들어, 국제법의 준수 여부를 "세계시민주의 사회정체성cosmopolitan social identity"과 연결하면서 이러한 정체성이 국제법 준수의 "행위적 토대behavioral foundation"를 형성하는 핵심변수임을 설문조사법 및 실험방법이라는 양적 방법을 통해 보여주는 버쿠 배이램Burcu Bayram의 최근 연구들이 대표적인 예라고 할 수 있다(Bayram 2017a; 2017b). 배이램은 "세계시민주의 사회정체성"을 다음과 같은 본질적 특징을 갖는 사회구성물로 규정한다. 세계시민주의 사회정체성이란 "개별국가의 (영토, 인종, 민족적) 경계를 넘어 단일체로서의 국제사회에 연결되어 있는"(Bayram 2017a, 138), 영문 그대로는 "글로벌 우리global we"라는 자의식을 의미한다(Bayram 2017a, 143). 배이램은 이를 공유하는 개인들(정치인과 정책결정자들)이 국제법을 준수할 개연성이 크고 그렇지 않은 개인들은 낮다는 가설을 세우고 검증한다. 비록 "세계시민주의 사회정체성"을 이와 같이 정의하는 것이 적절한지에 대해 논쟁의 여지가 있을 수 있으나, 여기에서 다시금 상기할 필요가 있는 중요한 포인트는 (세계시민주의) 정체성을 인간 주체들이 충분히 인지할 수 있고 매우 안정적으로 유지되고 있으며 개체화된 '것'으로 받아들이고 있다는 사실이다.

이처럼 위에서 소개한 연구들은 서로 다른 분석 단위를 갖고 매우 다양한 이슈 영역을 다각적으로 분석하고 있으나, 공통적으로는 정체성의 존재를 고정되거나 상당히 안정적인 본질을 갖는 하나의 실체로 전제한다. 필자는 이러한 전제를 공유하는 구성주의 연구를 '실체로서의 정체성identity as entity' 연구로 유형화한다. 유럽정체성이든 일본정체성이든 세계시민정체성이든 이들 연구에서 정체성은 각각이 하나의 개체로 현실에 존재하는 다른 '것'과 구별되고 매우 안정화된 자신만의 성질을 내재한 실체로 여겨지고 있다. 마찬가지로 "정체성이 없다"(예를 들어 "동아시아만의 집단정체성"이 없다)는 주장 역시 정체성을 "유럽성"처럼 하나의 본질을 갖는 고정된 실체로 이해하는 접근이다. 여기에서의 '없음'은 그러한 실체가 없음으로서의 부재이다. 요컨대 실체를 기준으로 정체성의 '존재' 여부가 판가름 나고 있는 것이다.

물론 구성주의(좀 더 정확하게 표현하자면 '전통적' 구성주의) 내부에서조차 이와 같은 경향을 비판하는 목소리는 있어왔다. 이들의 입장은 대개 이렇게 전개된다. 정체성은 단수가 아닌 복수의 요소들로 이루어져 있기 때문에 정체성을 '단일한' 실체로 여기는 것은 오류이다. 그럼에도 "하나의 측면에서만 우선적으로 집중하고focus primarily on one selected dimension … of identity" 그것을 독립변수로 사용하는 연구들이 많다(Urrestarazu 2015, 134; Zehfuss 2001). 좀 더 정확한 설명을 위해서는 정체성을 '여러' 정체성 요소들의 복합체로 이해하고 이들 간의 영향력 우선순위를 이해해야 한다. 그래야만 "정체성이 중요하다"라는 일반론을 넘어 "언제" 중요하다는 좀 더 정밀한 설명이 가능하다는 논리이다. 예를 들어, 일본의 정체성을 일본의 외교정책과 연계하여 분석하는 쿠니코 아시자와Kuniko Ashizawa의 연구를 보자. 그녀는 정체성이 "언제나 복수의 형태plural form로 존재한다"고 강조한다(Ashizawa 2008, 573). 나아가 이러한 정체성은 특정한 외교행위에 대한 "구체적인 가치specific value"를 부여하며, 그렇기 때문에 결국 정체성은 복수의 가치들이 종합된 "가치-복합체value-complexity"로 여겨진다. 복수의 가치'들' 가운데 "지배적 가치dominant value"가 외교정책적 선호preference를 결정하고 이를 실현하기 위한 외교정책 행위와 선택이 이루어진다고 보

56

는 것이다(Ashizawa 2008, 579-80; 2013).

마찬가지로 일본의 정체성을 외교안보의 맥락에서 연구하는 리누스 해그스트롬Linus Hagström과 칼 구스타프손Karl Gustafsson의 최근 논문에서도 정체성에 관한 복합적 혹은 다층적 분석틀을 제시한다. 정체성은 기본적으로 상호작용하는 복수의 층위(이들의 표현에 따르면 "삼중 모델")에 존재하며, 각 층위에 있는 정체성'들'은 안정화 혹은 제도화의 정도에 따라서 그 영향력이 달라진다. 제도화의 정도가 높을수록 정체성은 "침전된sedimented" 상태이고 변화보다는 유지되고 영향력을 행사할 가능성이 높으며 반대로 침전의 정도가 낮은 정체성일수록 개별 행위자들에 의해 "정치화"되고 경합의 대상이 되어 변화될 가능성이 크다고 주장한다(Hagström and Gustafsson 2015, 6-12).[7] 이와 같은 이른바 '복수 정

7   이들에 따르면, 가장 "침전된" 층위에 놓인 일본정체성은 아시아를 "타자화othering"한 정체성이다. 일본에서는 "아시아는 일본에 비해 열등한 존재Asia as inferior to Japan"라는 내러티브가 19세기 중·후반 이래로 지금까지 지속적으로 생산 및 확산되어왔고 이것이 일본의 자의식을 표출하는 가장

체성 모델'에 기초한 정체성 연구는 터키와 한국의 외교정책 분석에서도 찾아볼 수 있다. 예를 들어, 리즐 힌츠Lisel Hintz는 국내정치의 연장으로 외교정책을 이해하면서 터키를 사례로 하여 터키 내에서 발생하는 다수의 정체성 내러티브들 혹은 정체성 "제안들proposals" 간의 경합이 이루어지고 이 가운데 지배적인 통제권을 갖는 정체성이 터키의 외교정책으로 전환된다고 주장한다(Hintz 2018, 4, 33-35). 은용수Eun Yong-Soo의 최근 논문에서도 앞서 소개한 연구들과 마찬가지로 하나의 국가에는 '다수'의 정체성이 존재한다고 언급하면서 이들은 언제나 경쟁관계 속에 있고 나아가 위계적으로 구조화되어 있다고 주장한다(Eun 2020, 40-45). 따라서 좀 더 정확하게 설명하기 위해서는 위계적 구조에서 가장 상층을 점하고 있는 정체성에 주목해야 한다고 강조하면서 이를 "우위superior" 혹은 "주인master" 정체성이라고

"침전된" 내러티브가 되었다고 설명한다(Hagström and Gustafsson 2015, 6, 11).

개념화한다(Eun 2020, 43).

　물론 이들의 연구는 유용한 분석적 함의를 제공하고 있다. 그럼에도 정체성이라는 존재를 '실체'로 인식한다는 측면에서는 앞서 검토한 연구들과 동일한 연구지형에 속한다고 할 수 있다. 양측의 차이는 정체성을 복합 실체로 볼 것인가, 단일 실체로 볼 것인가 하는 표상적(혹은 형태적) 차이일 뿐 정체성에 대한 '존재적' 차이가 아니다. "가치-복합체"이든 "삼중 모델"이든 위계적 구조에서의 "우위 정체성"이든, 어떤 용어로 개념화해도 여기에서 정체성은 '이미' 형성되어 경합하고 있는 상태에 있는 것thing, 좀 더 정확하게는 것'들'things이고, 그것들 가운데 가장 "지배적"이거나 "침전된" 것이 바로 정체성으로 기능function한다고 여겨지고 있기 때문이다(Ashizawa 2008; 2013; Hagström and Gustafsson 2015; Hintz 2018; Eun 2020). 정체성이 어떻게 복합체로 형성될 수 있는 존재인지를 밝히는 존재론적 논의는 건너뛴 채 '이미' 복수로 존재하고 있는 여러 정체성(요소/제안)들 간의 경합과 수렴의 메커니즘을 강조하는 것이다. 여기에서 정체성은 비록 복합의 구성물이지만 여전히 실체, 즉 복합'체'인 것이다.

2. '유동'으로서의 정체성 연구

앞서 설명한 바와 같이, '실체로서의 정체성'은 연구 지형에서 넓은 위치를 점하고 있다. 이는 국제정치학계의 구성주의 패러다임이 분화 과정을 거치면서 실증주의 인식론에 기반한 전통적 구성주의가 패러다임의 주류가 되면서 나타난 현상이기도 하다. 다수의 구성주의자들이 규범이나 제도를 중심으로 하는 연구(Finnemore 1996; Finnemore and Sikkink 1998)에 몰리게 되었고, 정체성도 규범이나 제도와 마찬가지로 하나의 독립변수로 전제하면서 인과적 설명을 제시하는 경향이 나타나게 되었다. 하지만 이러한 연구 경향에 대한 비판적 입장 역시 꾸준히 전개되어왔다. 이는 비록 상대적으로 소수의 목소리이지만 대안적 접근을 생각해볼 수 있는 기회이기 때문에 주의 깊게 살펴볼 필요가 있다. 물론 이러한 비판적 목소리의 등장과 전개가 구성주의 패러다임의 분화와 직결되어 있다는 것은 주지의 사실이다(Checkel 1998; Hopf 1998; Berenskoetter 2017). 전술한 것처럼 1990년대 중·후반을 기점으로 분화되기 시작한 구성주의는 이제 2개의 진영camp 혹은 데이비드 맥코트David McCourt의 용어를 쓰자면 2개의 "프랙탈fractals"로 나뉘어 있는 상태라고 할 수 있다(McCourt 2016, 476-77). 이렇게 분화된 구성주의 패러다임에서 다수의 연구자들은 "전통적 구성주의"로 칭해지는 진영에서 정체성의 실증주의적 연구를 확장해왔고, 다른 한편의 상대적 소수 연구자들은 "비판적 구성주의" 혹은 "급진적 구성주의"로 이름 붙여진 진영에서 탈실증주의적 연구를 진행해왔다. 아래에서는 비판적 구성주의가 기반을 두고 있는 존재론과 인식론적 가

정이 무엇인지, 이것이 앞서 살펴본 전통적 구성주의의 기반들과 어떤 차이가 있는지 좀 더 구체적으로 알아본 뒤 이를 정체성 연구와 연결하면서 또 하나의 정체성 연구 유형type을 제시할 것이다.

우선 존재론 시각에서 비판적 구성주의는 실증주의의 반명제anti-thesis로 실증주의가 따르는 이원론dualism을 존재론으로 받아들이지 않는다. 실증주의는 자연계이든 사회계이든 세계는 객관적으로 존재하는 사물과 그 물질에 대한 주관적 관념, 이렇게 두 개의 이원적 존재층으로 이루어져 있다는 믿음에 의거하여 알고자 하는 대상(세계)과 그것을 알아가는 행위 혹은 행위자(주체)가 서로 분리되어 존재한다고 전제한다. 달리 말하자면 알고자 하는 대상은 인간의 지식(활동)과 분리되어 '외부'에 독립적으로 존재한다는 이른바 "외부성externality" 원칙이 실증주의 존재론에 깔려 있다. 탈실증주의는 이러한 존재의 "외부성" 원칙을 거부한다. 오히려 포스트모더니즘과 같은 강한 탈실증주의 입장에서

밖에 없기 때문이다. 해석적 인식론이라고 칭해지는 이와 같은 입장에서는 이론과 실천이 구분되어 있지 않다. 이론은 객관적인 도구가 아니라 세계를 구성하는 실천이다theory as practice. 주지하듯이 실증주의 인식론의 핵심은 이론의 경험적 "검증 가능성testable"인데, 이것이 논리적으로 타당하게 성립되기 위해서는 연구자의 '외부'에 독립적으로 존재하는 세계가 있어야만 한다. 이론 혹은 가설로 정형화된 지적 주장에 대응하는 실체가 '외부'에 독립적으로 존재해야만 검증이라는 행위가 비로소 가능해질 수 있기 때문이다. 그리고 이러한 검증을 통과한 지식이 곧 "과학적" 지식으로 여겨진다. 이것이 실증주의 인식론인 경험주의의 핵심이다.[8]

8 국제정치학에서는 종종 실증주의를 경험주의empiricism와 혼동하기도 하고 실증주의를 경험적 '방법론'으로 협소하게 이해하기도 하지만, 실증주의는 존재론, 인식론, 방법론을 모두 포괄하고 있는 특정한 메타이론적(과학철학적) 입장이다. 간략히 요약하여 정리하자면, 실증주의란 자연세상과 사회세상은 본질적으로 같거나 동일한 '방법'을 통해 연구하는 것이 바람직하다고 믿는 '자연주의naturalism', 이론과 관측(세상)은 분리될 수 있다는 지식의 '가치 중립성', 그리고 사회현상을 연구하는 데에서도 물리적 세상과 마찬

그러나 탈실증주의의 관계론적 혹은 일원론적 존재론에 따르면 그러한 외부 세계는 독립적·객관적으로 존재하지 않는다. 따라서 경험주의, 그리고 이와 연관된 인과적 설명이나 가설검증적 방법론은 지식의 타당성과 과학성을 판가름하는 데 적합한 기준이 될 수 없다. 자연계와 달리 사회계는 결정론적 성질을 갖고 있지 않으며 경험으로만 축약될 수 없고 앎의 확실한(고정된) 토대도 있을 수 없다. 이러한 반토대주의anti-foundationalism에 입각할 때 중요해지는 것은 객관적이라고 여겨지는 경험적 검증이 아니라 시공간적 맥락과 함께 변화하는 역사사회적 구성물에 관한 해석이며 고정되어 있고 보편적인 것처럼 보이는 현 질서나 규범에 대한 해체deconstruction 혹은 그것으로부터 자유로워지는 해방emancipation이다.

가지로 '규칙성'을 발견할 수 있다는 전제, 마지막으로 '과학적' 지식은 경험적 검증 혹은 반증에 달려 있다는 '경험주의'를 포괄하는 메타이론으로 정의 내릴 수 있다.

이와 같은 탈실증주의 입장을 견지하는 비판적 혹은 급진적 구성주의 시각에서 볼 때 정체성은 결코 실체가 될 수 없다. 특히 언어화된 해석이 곧 사회적 존재의 구성기제가 된다는 이들의 논리를 충실히 따르면 정체성은 물론이고 국경, 주권, 나아가 국가 자체도 고정된 실체로 존재할 수 없다. 왜냐하면 이들 모두는 해석을 통해서만 존재의 의미를 갖게 되는데 근본적으로 고정된 해석은 있을 수 없으므로 고정된 세계나 운영 원칙, 조직 원리도 있을 수 없기 때문이다(Campbell 1992; Devetak 1996). 오직 시공간적 맥락에 따라 달라지는 '상대적' 해석(지식)과 '유동적' 세계(존재)만이 있을 뿐이다. 그러므로 고정되거나 매우 안정적으로 유지되는 본질을 갖는 실체로서의 정체성은 존재할 수 없게 되는 것이다. 오히려 비판적 구성주의에서는 정체성을 "진행형이고 언제나 미완의ongoing, always incomplete" 과정과 관계 속에 있으며 그것의 실체는 알 수 없는 "결정 불가능undecidable"한 것으로 이해한다(Doty 1997, 383; Laffey

2000, 431). 이는 정체성의 존재를 무언가 채워져 있고 안정적으로 유지되고 있는 '것'이 아니라 오히려 비어 있어서 구성을 필요로 하는 일종의 "결핍lack" 상태로 보는 입장이라고도 할 수 있다(Epstein 2010, 336). 따라서 비판적 구성주의 시각에서 정체성의 가변성, 유동성, 불안정성은 필연적인 출발전제가 된다. 그럼에도 다수의 (실증주의 기반의) 구성주의 연구자들이 정체성의 이러한 "불안정하고 유동적인transient and labile" 특성을 간과해왔다는 점을 비판적 구성주의 연구자들은 문제 삼는 것이다(Zehfuss 2001; Guzzini 2005; Kratochwil 2008; Epstein 2010; 2013; Lebow 2012, 270; 2016).[9]

9   여기서 주의할 것은, 전통적 구성주의자들도 "존재하는 것=고정되어 있는 것"과 같은 도식으로 정체성의 존재를 이해하는 것은 아니라는 점이다. 다만 전통적 구성주의자들과 비판적 구성주의자들의 큰 차이는 전자가 '본질적' 속성으로 존재를 환원해서 정체성을 분석하는 반면 후자는 모든 종류의 본질주의를 거부한다는 것에 있다. 물론 본질의 내용이나 형식은 바뀔 수 있기 때문에 전통적 구성주의자들도 "존재=고정적인 것"이라고 이해하지 않지만, 그러한 본질적 속성 자체가 있다는 사유방식을 벗어나지 않는다. 앞서 소개한, 유럽정체성을 유럽성European-ness으로 치환하여 유럽연합의 발전, 유

이런 맥락에서 이들의 정체성 연구는 (단일체이든 복합체이든) '실체'로서의 정체성 연구와는 거리가 멀 수밖에 없다. 오히려 그 대척점에 서서 정체성의 비본질성 혹은 비실체성을 전면에 놓고 논한다. 그리고 만약 연구자들이 정체성을 '분석'할 수 있다면 그것은 오직 형성되는 과정이나 실천으로 접근할 수밖에 없다고 비판적 구성주의 연구자들은 강조한다(Campbell 1992; Laffey 2000; Lebow 2016). 이러한 논리에 기초하여 이들이 주목하는 것은 아이덴티티identity 그 자체가 아니라 정체성의 형성 과정과 행위로 정의되는 "아이덴티피케이션identification"이다(Epstein 2010; Lebow 2012;

지, 변화를 분석하는 많은 구성주의 연구들이 이러한 입장의 대표적인 예라고 할 수 있다. 사실 이들 전통적 구성주의자들은 존재에 대한 논의를 명시적으로 하지 않는다. 대신 인식론에 치중하고 있으며 이 가운데서도 실증주의 인식론을 따른다. 따라서 경험적으로 분석가능한 대상을 타당한 연구범위로 설정하며 나아가 경험적 세계에는 일반화/보편화될 수 있는 일종의 법칙이 있다는 믿음에 기초해서 정체성 연구를 진행한다. 결과적으로 그들의 (연구) 세계에 남게 되는 정체성은 결국 경험적 관찰이 가능하며 일반화/보편화의 가능성을 담지하는 실체로 한정되는 것이다.

2016; Bucher and Jasper 2017). 달리 말해, 자아self를 확인identify하는 유동적이고 가변적인 복수의 내러티브들narratives이 만들어지는 과정과 담론적 실천행위에 주목하는 것이다. 그리고 이러한 내러티브들이 형성되고 경합하는 다양한 자아-타자self-other, 안-밖inside-outside 관계들, 그 관계들이 맺어지는 시공간적 맥락, 그리고 여기에서 발생하는 경계짓기boundary-making라는 정치행위(이른바 정체성 정치)를 주요한 분석의 대상으로 삼는다.

이와 같은 연구 경향을 잘 보여주는 구성주의 학자가 리처드 리보Richard Lebow라고 할 수 있다. 오랜 기간 정체성 연구에 천착해온 리보는 2008년에 출간된『국제관계의 문화이론A Cultural Theory of International Relations』부터 2016년에 출간된『국가정체성과 국제관계National Identities and International Relations』에 이르기까지 줄곧 주류의 정체성 연구를 강하게 비판해왔다. 그에 따르면, 우리 자신은 단일하고 고정되며 지배적인 자아정체성이 아니라(Lebow 2008, 9) "복수이면서 서로 충돌하고 있고 나아가 불안정한 자아들multiple, conflicting and labile selves로 구성되어 있는 존재이다(Lebow 2012, 270). 따라서 정체성 연구자들은 이러한 "불안정한" 자아들이 다양한 관계 속에서 담론적 실천행위에 의해 복수로 만들어지고 충돌되는 과정multiple identifications에 주목해야 한다고 리보는 강조한다(Lebow 2016, 47-50). 그는 이처럼 정체성의 비실체적이고 비본질적인 특성을 강조하면서 정체성은 결코 외교정책 결정에 인과적 영향을 끼치는 "독립변수"로 여겨질 수 없다고 단언한다. 만약 정체성이 행위에 영향을 준다면 그것은 "예측 불가능한 함의unpredictable behavioural implications"만 갖는다고 말한다(Lebow 2016, 62).

리보와 마찬가지로 베른트 뷔허Bernd Bucher와 우르슐라 야스퍼Ursula Jasper의 최근 연구에서도 비판적 구성주의 입장에서 정체성을 파악한다(Bucher and Jasper 2017). 정체성을 행위의 원인이 되는 일종의 "인과적 변수causal variable"처럼 취하는 다수의 "합리주의rationalist" 접근을 비판하면서 분석의 초점을 정체성 그 자체가 아닌 정체성 형성의 "실천행위들acts of identification"에 맞출 것을 제안한다(Bucher and Jasper 2017, 392). 특히 이들은 자아와 타자의 경계를 만드는 다수의 실천행위들, 그리고 그것들이 특정한 정치담론 내에서 하나의 묶음이 되는 과정identification bundling에 주목할 필요가 있음을 강조한다(Bucher and Jasper 2017, 393-94). 이처럼 담론행위나 과정을 주목한다는 사실은 이들이 정체성을 이미 만들어져 있고 안정화의 상태에 머물러 있는 실체로 보는 것이 아니라 사실상 "비어 있는 개념empty concept"으로 전제하고 있음을 시사한다(Bucher and Jasper 2017, 406). 달리 말해 리보, 뷔허와 야스퍼는 자-타의 관계를 구성하는 (정치)담론적 실천행위 없이는 존재하는 것(정체성) 자체가 있을 수 없다는 입장을 견지하는 것이다.

이와 같이 비판적 구성주의자들의 정체성 연구는 전통적 구성주의자들의 접근과는 큰 차이를 보인다. 그럼에도 "국제관계에서 정체성이 중요하다"라는 의견에는 모두 동의한다. 하지만 여기에서도 주의를 기울여야 할 점이 있다. 비판적 구성주의 입장에서는 정체성이 본질적 실체로서 인과적 영향력을 행사하는 독립적 변수나 요인factor으로 기능하고 있기 때문에 중요하다고 보는 것이 아니라, 정체성이 형성되고 작동되는 정치사회적 관계 속에서 필연적으로 발생하는 권력의 개입, 즉 정체성 정치와 이것이 야기하는 개인 자유의 침해 문제가 발생하기 때문에 중요하다고 판단하는 것이다. 이들의 시각에서 볼 때 정체성은 "언제나 불안정하고 불완전한" 상태임에도 국가(정부)는 이를 안정적으로 관리하고자 하며, 특히 권력을 창출하고 유지하기 위해 특정한 정체성을 준거로 국가(정부)와 사회(시민)의 내적 동일화를 시도한다. 그리고 바로 이 지점에서 배타적 차별이라는 문제가 발생한다는 것을 비판적 구성주의자들은 강조한다(Weldes 1999; Weber 1995; Ringmar 1996; Neumann 1996; 1999; Waever 1998; Epstein 2010). 나, 우리, 조국은 무엇인가를 확인하고 인지하는 과정identifications이 바로 정체성이라고 볼 수 있고 이는 나와 남, 우리와 그들, 조국과 타국을 구별하고 경계를 만드는 정치담론적 행위에 의해 이루어지기 때문에 차별과 배제의 문제가 발생할 수밖에 없다는 것이다. 좀 더 극단적인 (포스트모더니즘) 시각에서는 정체성이 주권국가의 수립과 권력 유지를 위한 일종의 정치적 기제에 불과한 것으로 여겨지기도 한다(Campbell 1992; Walker 1993). 따라서 정체성은 곧 "지식(담론)-권력"의 문제이기도 하므로 "해체"의 대상으로도 인식된다. 이처럼 비판적 구성주의자들이 정체성 연구에서 행위자의 주관적이고 정치적인 '개입'을 강조하고 있다는 사실은 이들이 정체성을 고정되어 있지 않고 오히려 "비어 있으며empty" 늘 불안정한 비실체로 이해하고 있다는 사실을 잘 보여주는 것이기도 하다.

필자는 앞 절에서 유형화한 '실체'로서의 정체성 연구와 대비하여 이 절에서 검토한 연구들을 '유동'으로서의 정체성identity as flux 연구라고 유형화한다. 이미 설명한 바와 같이 전자는 존재론의 시각에서 볼 때 본질주의 혹은 실체주의에 기초하고 있는 반면 후자는 관계주의 혹은 상대주의에 기초하여 정체성을 이해한다. 여기에서 전자는 고정, 안정, 본질(혹은 본질적 특성)에 방점을 찍고 있다면, 후자는 지속적 흐름, 불안정, 관계성, 상대성에 초점을 맞추고 있는 입장이라고 할 수 있다. 이러한 존재론적 입장 차이에 따라서 정체성 연구들의 인식론과 분석적 입장 역시 달라진다.

인식론 측면에서 전자는 연구 대상인 정체성의 인과적 메커니즘에 관한 일반 법칙을 찾고자 하는 실증주의, 특히 경험(적 검증)을 앎의 토대로 받아들이는 경험주의를 따르는 입장이지만, 후자는 시공간적 변화와 사회적 관계에 조응된 해석을 중시하는 탈실증주의, 좀 더 구체적으로는 단일보편을 해체하고 타자화 및 지식-권력의 문제에 천착하는 탈구조주의와 포스트모더니즘 입장을 취한다고 할 수 있다. 분석적 측면에서 볼 때, 전자는 정체성이 행위나 관계보다 앞서 존재할 수 있다고 본다면 후자는 그러한 시간적 구별이 가능하지 않다는 입장이다. 이와 관련하여 특히 전자는 정체성을 인과적 영향력을 행사할 수 있는 독립변수로, 후자는 권력관계에서 발생하는 정치적 기제나 수단으로 여기면서 분석하는 입장이라고 할 수 있다. 마지막으로 분화된 구성주의 이론지형과 연구지형도에서의 상대적 위치 측면에서 볼 때, 전자는 전통적 구성주의 혹은 온

표 1. 국제정치학에서의 정체성 연구 유형화

	'실체'로서의 정체성 연구	'유동'으로서의 정체성 연구
존재론적 입장	실체주의/본질주의	관계주의/상대주의
인식론적 입장	실증주의(특히 경험주의)	탈실증주의(특히 탈구조주의)
분석적 경향	기능적(설명/인과) "변수"에 초점	정치담론(행위)에 초점
구성주의 이론의 종류	전통적 구성주의	비판적 구성주의
연구지형도에서의 상대적 위치	다수	소수

건한 구성주의라는 이름으로 정체성을 연구하는 다수가 속한 입장인 반면 후자는 비판적 혹은 급진적 구성주의라는 이름으로 정체성을 연구하는 상대저으로 소수가 속한 입장이라고 할 수 있다. 이를 요약하면 <표 1>과 같다.

제3장

지도 '다시' 그리기

앞 장에서 제시된 설명과 <표 1>의 연구 유형을 상기해볼 때 과연 정체성은 무엇인가, 어떤 존재인가에 대한 혼란과 혼돈이 생길 수밖에 없는데, 이는 정체성 연구, 나아가 구성주의 이론의 위기를 불러올 수도 있다. 정체성에 대한 존재적 이해나 지위를 두고 매우 상반된 입장이 대치하고 있기 때문이다. 정체성 연구집단에서 정체성은 안정적이면서 동시에 불안정하고, 실實, entity이면서 동시에 허虛, empty이며, 독립적 변수이면서도 동시에 구성된 의미해석으로 여겨지고 있다. 예를 들어, 실체주의와 본질주의 입장에서 미국의 정체성은 타국과 구별되는 미국의 이익과 가치를 구성하면

서 미국 사회의 내적 동일화를 안정적으로 유지하고 있
는 '실체'이지만, 관계주의와 상대주의 입장에서 미국
의 정체성은 결코 단일하거나 고정된 실체가 아니라 오
히려 매우 유동적인 정치적 담론행위 그 자체이면서 언
제나 해체될 수 있는 "비어 있는" 무無실체의 내러티브
에 불과하다. 달리 말하면, 현재의 정체성 연구집단(연
구 프로그램)에는 내적 일관성internal consistency이 부재하
다는 것이다. 실체주의적 연구와 관계주의적 연구 모두
"정체성"이라는 개념과 용어를 사용하고 분석하고 있
지만 각자가 말하는 정체성은 서로 완전히 다른 정체성
인 것이다. 과연 이 둘 사이의 긴장 혹은 모순을 어떻게
해결할 수 있을까?

　가장 손쉬운 방법으로는 양측의 입장 중 하나만 선택
하여 정체성의 존재를 단일한 입장으로 수렴하고 하나
의 정체성 연구 프로그램을 만들어가는 것이다. 이러한
제안은 주로 전통적 구성주의 학자들이 선호하는 방향
이기도 하다(Wendt 1994; Katzenstein et al. 1998; Rug-

gie 1998a; 1998b; Dessler 1999; Hopf and Allan 2016).
그러나 이는 양 갈래로 선명하게 구별된 현재의 연구지
형도를 볼 때 그 가능성이 매우 낮고, 나아가 바람직하
지도 않다. 서로 다른 입장을 갖는 다양한 이론이나 시
각들의 존재론적 모순을 해결한 뒤 인식과 분석의 측면
에서 다양한 시각들이 상호 경쟁할 때 건강한 지식'시
장'이 구축될 수 있고 이를 통해 지적 진보도 이룰 수 있
기 때문이다. 또 다른 방법은 양측의 입장 모두를 폐기
하고 정체성이 아닌 다른 개념과 분석틀을 통해 연구를
진행하는 것이다. 다소 극단적으로 들리는 방법이지만
이를 주장하는 학자들도 물론 있다. 사회과학 전반에
걸쳐 사용되는 정체성이라는 개념의 '모호성'을 비판하
고 있는 로저 브루베이커Rogers Brubaker와 프레드릭 쿠
퍼Frederick Cooper의 매우 잘 알려진 논문에서는 정체성
이 "동일성과 차이성"을 동시에 내재하거나 발산시킬
수 있는 존재로 여겨지고 있는 것에 불만을 표하면서
정체성(개념)을 사용하지 말자는 이른바 "정체성을 넘

어beyond identity" 입장을 피력한 바 있다(Brubaker and Cooper 2000). 그러나 이 역시 지난 30여 년간 지속되고 있는 정체성 연구의 문헌 축적과 지적 공헌을 상기해볼 때 그 가능성이 매우 낮으며, 나아가 바람직하지도 않다. 특히 만약 개념의 모호성을 이유로 정체성 연구를 지양해야 한다면, 국제정치학에서 현재 사용되는 다른 주요한 개념들, 예를 들어 힘power, 이익, 문화 등도 개념의 모호성 혹은 다의성이라는 동일한 이유로 사용해서는 안 된다는 논리가 형성된다. 그렇다면 더 나은 해법이 있을까? 이 질문은 이 책의 첫머리에서 밝힌 연구 목적과도 직결되는 것이다. 정체성을 어떻게 하면 '더 잘' 이해할 수 있는가?

1. 실체주의와 관계주의의 대립을 넘어 포괄로

이 책에서는 무엇보다 먼저 본질주의에 기초한 '실체

로서의 정체성' 연구 유형에서 벗어나야 한다는 입장을 취한다. 정체성을 고정되어 있거나 매우 안정적으로 유지되고 있는 본질적 존재로 여기는 것은 매우 단편적인 이해라고 판단한다. 그렇다고 하여 정체성을 언제나 미완성의 과정에 있거나 비어 있는 '결핍'의 상태에 놓여 있는 것으로 여기는 상대주의 시각을 따르는 것도 아니다. 필자는 제3의 대안적 시각을 제시할 것이다. 이를 통해 앞선 두 시각을 모두 포괄할 수 있기 때문에 정체성 연구 프로그램의 발전에 공헌할 수 있다고 주장한다. 이에 대한 상세한 설명은 물론 필수적이다. 우선 실체주의와 본질주의적 정체성 연구에 대한 이 책의 입장이 무엇인지부터 차근차근 설명해보고자 한다.

서론에서 이미 언급했듯이 정체성에 대한 개념 정의는 학자들마다 상이하지만 이들 모두는 정체성을 '사회적' 맥락 속에서 이해하고 있다. 이는 실증주의에 기반한 '전통적' 구성주의자들도 마찬가지이다. 앞서 소개한 하버드 대학 연구진들의 논문 「변수로서의 정체성」

을 상기해보자. 이들은 정체성을 사회적 규범이나 사회적 가치 등으로 채워져 있는 "사회적 범주"로 정의한다. 즉, 정체성이 사회적 구성물이라고 보는 것이다. 그리고 여기에서 "사회적"이라는 용어는 물론 간주관성inter-subjectivity이라는 의미를 내포한다. 달리 말해 정체성이란 '나는 누구인가?'에 대한 사회적·간주관적 이해를 의미한다는 것에 대부분의 정체성 연구자들은 명시적이든 암묵적이든 동의하고 있다. 다만 이를 (사회적 범주, 문화제도, 사회적 의미, 사회규범, 담론, 사회적 위치, 집단성 등) 서로 다른 용어로 표현하고 있을 뿐이다. 그렇다면 정체성이라는 존재 혹은 그것의 존재적 지위는 고정되어 있는 본질적 실체로 환원하는 것은 타당한 접근이라고 보기 어렵다. 왜냐하면 정체성은 '나는 누구인가?'를 규정하는 '간주관적' 이해라서 내가 맺고 있는 다양한 '사회적' 관계들에 따라 변화할 수밖에 없기 때문이다. 나아가 그러한 관계들 자체가 시공간적 맥락에 따라 변하게 된다. 예를 들어보자. 도널드 트럼프Donald Trump라

는 한 개인의 정체성은 무엇인가? 남성, 백인, 전직 대
통령, 이성애자, 사업가, 정치적 보수주의자 등 다양한
범주를 통해 이해될 수 있다. 그리고 이러한 범주는 사
회적 관계 속에서 비로소 의미를 갖는다. 이를테면 남
성은 여성, 백인은 흑인(유색인), 대통령은 국민, 이성
애자는 동성애자, 보수주의는 진보주의라는 특정한 사
회적 범주의 관계 '속'에서 존재적 의미가 형성된다. 따
라서 트럼프의 정체성은 그가 맺고 있는 사회적 관계에
따라 매번 다르게 이해된다. 나아가 정체성을 이해하는
이와 같은 범주 '자체'도 사회적 구성물이기 때문에 시
대나 장소에 따라 그 의미와 부여되는 가치도 달라진
다. 예를 들어, 미국에서의 보수주의자와 한국에서의
보수주의자는 매우 다른 의미를 내포하고 있으며 1970
년대의 동성애자와 2020년의 동성애자는 매우 다른 사
회적 존재가치를 갖는다. 국가의 정체성도 마찬가지이
다. 시공간적 맥락의 영향하에 형성되는 국내외의 사회
적 관계에 따라 자국에 대한 간주관적 이해는 달라질

수밖에 없다.

물론 국가의 정체성은 개개인의 삶의 궤적을 넘어 국가건설nation-building이라는 기나긴 역사 과정과 공통의 역사 경험을 통해 형성된 것이기 때문에 상대적으로 안정된 상태에 놓여 있는 것처럼 보일 수도 있다. 그러나 이 역시 기본적으로 '사회적' 구성물이기 때문에 이를 본질적 성질을 갖는 실체로 환원하여 이해하는 것은 (최소한 존재론적 측면에서는) 합당한 접근이라고 할 수 없다. 오히려 국가의 정체성은 개인의 정체성과 달리 생물학적이고 유전적인 성질(예를 들어, 남성 혹은 여성, 흑인 혹은 백인)로 환원될 수 없는, 말 그대로 사회적으로 '획득'된 정체성이라는 의미만을 갖게 된다(Barnett 1999). 더욱이 국가건설은 역사 속에 멈춰 있는 것이 아니라 역사를 거쳐 현재를 관통하고 미래로 이어져 나아가는 연속의 과정이다(Smith 1991; 1998). 따라서 정체성은 다양한 국내외 행위자들이 시대의 물적 조건 및 정치관념적 조건과 상호작용하면서 변화된다는 것은 자명한 역사적 사실이다. 2차 세계대전과 '68년 운동'을 계기로 극적으로 변한 독일의 정체성 혹은 1990년 소비에트연방의 붕괴를 계기로 180도 뒤바뀐 리투아니아, 조지아, 라트비아의 정체성은(Rindzeviciute 2003; Beacháin and Coene 2014) 정체성이라는 존재가 비영속적이고 비본질적인 사회구성물임을 잘 보여주는 역사 경험적 사례라고 할 수 있다. 요컨대 인간이든 국가이든 그들의 정체성은 단일하거나 고정되어 있는 본질적 실체로 환원될 수 없다는 것이다. 비판적 구성주의자뿐만 아니라 전통적 구성주의자(특히 '초기'의 구성주의 이론가들)도 모두 인정하듯이(Wendt 1987; 1992, 391; 1994, 384), 정체성은 "사회적으로 구성된 의미 체계"이며 "타자와의 관계 속에서 형성"되므로 가변적일 수밖에 없다. 만약 정체성에 '본질'이라는 것이 있다면 그것은 가변성일 것이다.

그렇다면 상대주의적 관점에서 정체성을 이해하는 것이 바람직하다는 것인가? 이 책에서는 이 역시 충분한 대안이 될 수 없다고 본다. 특히 정체성을 언제나 유동하는 "필연적 미완성necessary incompleteness"으로 여기는 탈구조주의적 시각은 정체성의 존재적 속성을 단편적으로만 이해하는 것이라고 판단한다. 즉, 존재론적으로 실체로서의 정체성이 틀렸다고 해서 유동으로서의 정체성이 맞다고 할 수는 없다. 비록 필자는 정체성의 존재적 속성을 본질을 갖는 실체로 볼 수 없다고 단언하지만 '유동으로서의 정체성' 연구 유형과도 다르게 정체성은 경험적인 분석이 가능한 존재라고 주장한다. 비판적·급진적 구성주의 시각과 달리, 정체성은 "판단불가능한undecidable" 결핍의 상태(Epstein 2010, 336)에 머물러 있는 것이 아니라 분명한 사회적 '사실'이고 경험적 '사건'을 일으킨다. 따라서 사회적 행위자의 행위에 영향을 끼치는 요인이나 요소가 될 수 있다고 보는 것이다. 나아가 정체성은 특정한 시간과 공간 내에서 현상(사건)이 되기 때문에 이에 관한 경험적 분석이 충분히 가능하다고 본다. 다만 여기에서 주의를 기울여야

하는 것이 있다. 필자가 주장하는, 경험적 분석의 대상이 되는 정체성은 특정한 시공간 속에서 '임시적'으로 현실화된(달리 말하자면 현실에 "배치"[10]된) 징제성을 의미한다. 즉, 정체성이라는 존재 자체가 항상 안정적으로 유지되는 본질을 갖는 실체이기 때문에 현실의 사건이 되고 경험적 분석이 가능하다는 뜻이 아니라는 점에 큰 주의를 기울여야 한다. 필자는 정체성을 임시적으로 실체의 '모습'을 갖게 되므로 경험적 분석의 대상이 될 수 있고 나아가 설명변수로도 이론화될 수 있지만 동시에 그러한 실체의 모습과 형식이 무너지고 또 다른 모습으로 재배치되고 또 다른 사건을 일으킬 수 있는 잠재적 다양체로 이해하며, 이를 "되어가는 다양체"라고 개념화한다. 후술에서 자세히 논의하듯이, 이는 기본적

---

10   들뢰즈의 생성존재론에서 "배치"라는 개념은 정체성의 존재적 속성을 이해하는 데 매우 유용하고 중요한 개념이다. 후술에서 좀 더 자세히 설명하겠지만, 무엇인가가 배치되었다면 그것은 경험적 수준에서 확인이 가능함을 의미하며 동시에 고착화된 층strata과 달리 언제나 다른 조합으로 재배치될 수 있다는 의미를 내포한다.

으로 '생성존재론'을 기초로 정체성을 재고rethink한 것이다. 필자는 이러한 새로운 존재론적 접근을 통해 양 갈래로 나뉜 정체성 연구 유형의 입장 대립을 넘어 양측의 인식론 및 분석적 입장을 모두 포괄할 수 있게 된다고 주장한다. 과연 "되어가는 다양체"로서의 정체성 identity as becoming은 어떤 의미이며 나아가 정체성을 이해하고 연구하는 데 '더 나은' 이론적 토대가 될 수 있는지 다음 절에서 좀 더 자세히 논해보고자 한다. 이를 위해서는 먼저 생성존재론에 대해 설명할 필요가 있다.

2. 포괄의 기초: 생성존재론

앞서 간략히 제시된 필자의 입장은 종종 생生철학으로 칭해지는 현대철학의 사유들, 특히 프랑스의 현대사상가 질 들뢰즈의 생성존재론을 차용한 것이다.[11] 이는 국제정치학의 정체성 연구(한국어와 영미권 문헌 모두)

에서는 찾아볼 수 없는 매우 생소한 입장이기도 하다. 따라서 이해를 도모하기 위해서는 들뢰즈의 사유에 관해 살펴볼 필요가 있다. 물론 주지하듯이 들뢰즈의 사상은 난해하기로 유명할 뿐만 아니라 형이상학, 윤리학, 정신분석학, 정치철학, 철학사를 모두 포괄하고 있기에 전체를 다 논할 수 없고 그럴 필요도 없다. 이 책의 논의와 밀접한 생성존재론에 초점을 맞추면서도 최대한 간명하게 설명해보고자 한다.[12]

11 철학 분야의 들뢰즈 관련 한국어 문헌에서는 "생성존재론"이라는 용어를 사용하고 있으며 이를 영어로는 "ontology of becoming"으로 적어두는 경우가 빈번하다. 이에 비해 영어권 학자들의 문헌에서는 들뢰즈의 존재론을 "내재의 존재론ontology of immanence", "잠재의 존재론ontology of the virtual", "일의적(혹은 일의성의) 존재론univocal ontology or ontology of univocity"이라고 표현하는 경향이 있다. 비록 이들 사이에는 분명한 차이가 있지만 그 차이는 의미 강조점에서의 차이일 뿐이며 모두 같은 존재론적 사유를 공유하고 있다. 이들은 무엇이 존재하는 것이고, 무엇을 존재한다고 할 수 있는지(즉, 존재의 조건과 존재의 지위/의미)에 대한 동일한 사유체계 안에 머물러 있다고 볼 수 있다. 이들 용어 중에서 이 책에서는 직관적으로 이해를 돕는 데 조금 더 유용하다고 판단되는 생성존재론이라는 용어를 사용한다.

12 아래 설명은 들뢰즈의 여러 저작들에 대한 필자의 해석과 마누엘 데란다Manuel DeLanda의 대표적인 들뢰즈 철학 연구서(2002), 그리고 철학자

대부분의 현대철학서들에서 지적하듯이, 르네 데카르트René Descartes 이래로 임마누엘 칸트Immanuel Kant를 거쳐 20세기 초에 이르기까지 서양철학에 나타난 존재에 관한 사유는 발생 과정적으로 전개되지 못했다. 이와 반대로 존재하는 것들을 "초월transcendence"하는 형이상학적 존재의 근원이 상정되어 있었고 그러한 근원과의 유사성이나 근접성을 기준으로 존재하는 것들은 "선형적" 혹은 "원형적" 위계의 선을 갖고 분절되고 층화되어 이해되어왔다(Deleuze and Guattari 1987, 211, 355-88; 이정우 2008, 10-11; 2011, 73). 들뢰즈는 이를 존재의 "수목형arboretum"적 이해라고 칭한다.[13] 이는 존재

이정우의 들뢰즈에 관한 저작들(2008; 2011)에 대한 필자의 재해석을 기초로 한다. 따라서 직접인용을 제외하고 간접인용은 가급적 하지 않으며 나아가 직접인용도 맥락화를 하는 과정에서 필자의 (재)해석이 들어갈 수 있기 때문에 이에 대한 독자들의 자율적 판단 및 비평을 돕기 위해 필자가 사용한 들뢰즈 원문들(Deleuze and Guattari 1987; Deleuze 1994)과 이정우의 저작 양쪽 모두를 가능한 다 병기했다.

13   예를 들어, 임마누엘 칸트의 "the highest good" 개념은 수목형적 이해의 대표적인 예라고 할 수 있다(Silber 1959).

하기 '전'에 이미 우리의 인식으로 그 존재와 존재의 의미/속성property까지 규정되는 일종의 '인식론 우선주의'라고도 할 수 있다. 그러나 생성존재론은 존재하는 것들 간에 그 어떤 중심이나 초월을 상정하지 않는다. 생성존재론에서 세계에 존재하는 것이란 물리적이고 언표적 얽힘entanglement을 통해서만 존재할 수 있고 그것은 언제나 무언가를 만들어내는 역능力能, puissance을 갖고 있는 것으로 이해된다. 들뢰즈의 언어를 그대로 빌리자면, 우리가 인지하는 세계는 "기계"들의 접속을 통해 만들어진 선과 "배치"들, 그것들로 구성된 "장field"으로 존재하는 것이다(Deleuze and Guattari 1987, 4-7; 이정우 2008, 21-22). 여기에서 "기계"는 통상적인 의미인 연장이나 도구를 가리키는 것이 아니라 개별적으로 인식되는 모든 것이다. 그것이 물질적이든 비물질적이든 그것의 속성이나 양과 질에 관계없이 개별적으로 칭해질 수 있는 모든 것이 기계라고 불린다. 따라서 들뢰즈에 따르면 자동차와 냉장고도 기계이고, 개별 인간도 기계이며, 학교와 회사도, 야구와 축구도, 선거도, 민주주의도, 사회주의도 모두 기계라고 불릴 수 있다. 여기에서 중요한 것은 비록 이들이 현재의 상태 혹은 현재의 모습이나 현상으로 흔히 인식되지만 생성존재론의 시각에서는 그것이 기계들의 존재의 조건, 지위, 의미를 규정하지 않는다. 생성존재론에서 존재는 오로지 물리적이고 언표적인 얽힘/접속을 통해서만 가능해지며 그러한 얽힘이 일정한 선과 배치를 형성하여 존재의 모습을 갖는 것으로 이해된다. 얽힘과 접속의 대상, 방식, 강도 등에 따라 존재의 형상이 발생되며, 나아가 발생된 그 존재는 다른 존재와 또다시 다양한 방식과 강도로 접속하고 얽힘으로 또 다른 존재를 생성해낼 수도 있다. 이처럼 생성존재론은 형상발생론morphogenesis을 취하면서 존재를 곧 생성 그 자체로[14] 이해하는 입장

14 필자는 생성 그 자체를 생성되는 것과 생성하는 것에 관계된 모든 움직임과 힘('역능')을 가리키는 것으로 해석한다. 이런 관점에서 무언가 존재한다는 것은 곧 무엇인가 생성한다는 것을 의미하기 때문에 존재하는 모든 것은 기본적으로 '역능'을 갖고 있다고 할 수 있다.

이라고 할 수 있다(Deleuze 1994; Deleuze and Guattari 1987; DeLanda 2002, 10-12). 이런 관점에서의 논리적인 귀결은 다음과 같다. 손재하는 것들은 고정적인 동일성, 즉 본질적 속성을 통해서 존재의 지위를 갖는 것이 아니라 오로지 생성적·발생적 얽힘generative entangle-ment을 통해서만 그러하다(DeLanda 2002, 15, 31-32). 이러한 철학적 용어와 설명이 다소 어렵게 들릴 수 있기 때문에 우리에게 친숙한 대학교라는 예시로 좀 더 쉽게 이해해보고자 한다.

대학교는 분명 존재한다. 경험적으로 알 수 있다. 그렇다면 그것은 어떤 존재인가? 달리 말해, 우리는 대학교를 어떤 존재로 이해하는가? 통상적으로, 그리고 사전적으로 대학교란 "고등교육과 여러 학문 분야의 연구를 행하는 전문교육기관"으로 이해되고 정의된다. 이러한 '본질'을 갖는 존재가 바로 대학교이며 이렇게 고정된 동일성(본질) '아래' 또다시 지역, 제도, 자본, 인지도 등의 물리적 혹은 관념적 범주를 기준으로 대학교의 존재는 세부적으로 층화되면서 이해된다. 예를 들어, 서울대학교를 보자. 서울대학교는 "고등교육과 여러 학문 분야의 연구를 행하는 전문교육기관"인데, 그중에서 서울에 소재하고 국립대학이며 사회적 평판도가 상에 속하는 존재로 이해된다. 대학교라는 존재를 고정된 동일성("고등교육과 여러 학문 분야의 연구를 행하는 전문교육기관"이라는 본질)에 귀속해놓고 그 '아래'에서 비롯된 표상적representational 차이를 통해 이해하는 것이다. 그러나 생성존재론의 시각은 이와 같은 고정된 동일성으로부터가 아니라 수많은 (물리적·언표적) 얽힘을 통한 생성으로 존재를 이해한다고 앞서 강조했다. 대학교는 분명 경험적으로 인지되며 개별적으로 칭해질 수 있는 존재이기 때문에 들뢰즈에 따르면 "기계"이다. 들뢰즈를 따라 대학교-기계라 칭해보자. 그렇다면 대학교-기계는 어떤 존재인가? 그것은 학생, 교수, 직원, 강의실, 연구실, 캠퍼스, 인문학, 사회과학, 자연과학, 공학 등 개별적으로 칭해질 수 있는 수많은 물리적·

비물리적 기계들의 접속으로 이루어지며, 이렇게 접속된 기계들은[15] 또다시 학점(인정), 졸업(요건), 연구(업적), 승진(규정) 등과 같은 사회어표적 코드와 접속하면서 존재의 의미를 갖게 된다.[16]

즉, 대학교-기계는 고정된 동일성 아래의 "층stratum"으로 혹은 "동일성에 복속된 차이diversity within a stratum"의 "단층적 누적"으로 존재하는 것이 아니라(Deleuze and Guattari 1987, 41-47; 이정우 2008, 49) 언제나 수많은 (물리적, 관념적) 기계들 간의 접속과 얽힘의 한 결과로 존재하는 것이다. 따라서 비결정성, 비본질성, 나아가 "일의성univocity"이라는 존재적 속성을 가질 수밖에 없게 된다(Deleuze and Guattari 1987, 254-55; 이정우

---

15 필자는 이렇게 접속된 기계들을 해당 존재의 발생요인들이라 칭하고 접속의 대상이 될 수 있는 기계들은 발생요소라고 칭한다.

16 들뢰즈는 이렇게 둘의 관계 맺음의 포괄적 형식을 "디아그램dia-gramme"이라 칭하고 이것의 현실화된 모습을 칭할 때는 "배치" 혹은 "장"이라는 용어를 맥락에 따라 다양하게 사용한다(Deleuze and Guattari 1987, 134-36). 이에 대해서는 아래에서 더 논의할 예정이다.

2008, 194-200). 존재하는 것은 어떤 기계들이 어떻게 접속하고 어떤 사회언표적 코드와 관계 맺는지에 따라서 매번 그 존재의 형식과 의미가 달라질 수밖에 없기 때문이다. 더욱이 존재하는 것의 발생요소들 자체도 또 다른 기계들 간의 상호작용의 과정을 거쳐 각기 생성된 것이다. 그러므로 일정한 존재는 동일한 '하나[일자 一者]'로 존재하지 않고 언제나 무수히 많은 "미분적dif-ferential" 변이가 적분으로 이어지면서 생성된 것으로 이해할 수 있다. 들뢰즈는 이를 존재의 "차이생성differenti-ation(줄여서 d)" 원리라고 칭한다(Deleuze and Guattari 1987, 48-50; Deleuze 1994; 이정우 2008, 59, 205). X라는 존재의 발생요소(기계)들을 a, b, c라고 할 때 이들이 어떻게 접속할지, 이러한 접속은 어떤 결과로 이어질지 미리 결정되어 있지 않으며 a, b, c라는 발생요소들 자체도 da, db, dc로 존재하게 되므로 모든 존재하는 것은 "차이생성"의 존재가 되는 것이다. 그러므로 X라는 존재는 비록 X라는 동일한 이름으로 호명되지만 매

97

번 달라지고 새로워지는 "일의적" 존재가 될 수밖에 없다. 이런 측면에서 들뢰즈는 모든 기계를 "욕망하는" 기계라고 부른다(Deleuze and Guattari 1987, 154 57). 여기에서 욕망은 무엇을 추구하는 감정이나 심리적 속성을 가리키는 것이 아니라 변화, 생성, 창조, 즉 "잠재성virtuality"을 의미한다(Deleuze and Guattari 1987, 85-99).

이는 자칫 들뢰즈의 생성존재론이 관계주의나 상대주의 입장, 예를 들어 존재하는 것들은 언제나 유동적이고 언제나 '미완성'의 상태에 머물러 있기 때문에 판단 불가능하다는 시각을 수용하는 것처럼 보일 수도 있다. 이런 시각에서는 존재에 대한 구체적이고 경험적인 분석(설명)이 불가능해진다. 그러나 "차이생성"은 말 그대로 차이(변화)와 생성(현상) '모두'를 포괄하는 원리이다. 바로 여기에서 들뢰즈는 "배치"(Deleuze and Guattari 1987, 4)라는 매우 중요한 개념을 사용한다. 배치는 기계들이 접속하여 하나의 선 혹은 층을 만들고 그러한 선과 층들이 결합하여 장을 이룬 것을 의미한다. 좀 더 쉽게 설명하자면, 차이생성의 현실화되고 구체화된 모습이 배치이다. 잠재세계의 미분적 변이가 적분되어 시공간의 현실세계로 구체화된 상태가 바로 배치인 것이다. 이 역시 다소 낯설고 어렵게 들릴 수 있기 때문에 '졸업식'이라는 쉬운 일상의 예로 좀 더 설명해 보고자 한다. 졸업식은 존재한다. 그것은 비물질적(사회적) 구성물이지만 개별적으로 인지할 수 있기 때문에 들뢰즈의 표현으로는 역시 "기계"이다. 졸업식이라는 존재는 통상적으로나 사전적으로 "해당 교육과정을 수료한 학생들에게 졸업장을 수여하기 위하여 치르는 의식"으로 이해되고 정의된다. 이는 졸업식을 동일성(본질)에 기초하여 이해하는 것이다. 이와 달리 생성존재론의 시각에서는 기계들의 얽힘을 통한 형상의 발생으로 존재를 이해한다고 이미 앞서 강조했다. 학생, 선생, 교직원, 학부모 등이 접속하여 하나의 선을 이루고, 졸업식 강당, 졸업장, 학사모, 연단, 마이크, 꽃다발 등이 또 접속하여 하나의 선을 이룬다. 그리고 이것들을 관

통하는 졸업식의 순서, 방식, 졸업 축사와 답사 등 담론
적 언표들이 하나의 코드로 접속한다. 이렇게 접속되고
얽히면서 '현실화'된 모습이 바로 졸업시 "배치"인 것이
다. 필연적으로 졸업식-기계는 매번 다른 배치를 만들
어낸다. 그러므로 졸업식-기계는 오로지 "일의적"으로
만 존재하게 되는 것이다. 학생과 선생이 바뀌고, 졸업
장과 학부모도 바뀌며, 나아가 졸업식의 순서나 방식
(즉, 코드)도 바뀔 수 있다. 따라서 매번 다른 배치가 발
생할 수밖에 없다.

　이런 관점에서 볼 때, 졸업식을 포함하여 존재하는
모든 것(기계)은 잠재적인 "다양체"(Deleuze and Guat-
tari 1987, 4-9, 45-46; DeLanda 2002, 23; 이정우 2008, 54)
라고 불릴 수 있게 된다.[17] 우리에게 익숙한 강의 혹은
선거 등 또 다른 추상적(사회적) 존재들도 마찬가지이

17　주의할 것은 여기서 다양체의 '체'라는 개념을 앞서 설명했던 실체 혹은
복합체에서의 '체thing or entity'의 의미로 이해해서는 안 된다는 점이다. 실
체나 복합체에서의 '체'는 이미 완성(완결)된 상태로 인지되는 개체를 가리
키기 때문이다.

다. 이들 역시 배치로 현실화된다. 이렇게 현실화된 배치는 구체적이고 경험적으로 분석되고 설명될 수 있다. 물론 매번 배치가 생성될 때마다 차이를 동반한다. 생성존재론에서 동일성이 아닌 잠재성과 일의성을 강조하는 이유도 바로 여기에 있다. 그러나 여기에서 더욱 중요한 점은 존재적 일의성이 곧 존재의 판단불가능성을 의미하지 않는다는 사실이다. 달리 말해, 매번 차이가 발생했다고 하여 존재를 특정할 수 없거나 그것을 경험적 분석의 대상으로 삼을 수 없다고 이해하는 것은 오류이다. 존재의 배치는 발생요소들 간의 접속과 상호작용이 '시공간 속'에서 현실화된 모습이기 때문에 현상적 "사건"으로 특정할 수 있으며(Deleuze 1994, 14; 이정우 2011, 14-15) 그래서 경험적 분석의 대상이 될 수 있다. 발생요소들 간의 상호작용이 심층에서 미분적 변이들을 만들어내고 그것들이 표층의 특정한 시공간에서 "벡터(속도와 방향)"를 갖고 적분된 사건이 바로 존재의 배치이다. 따라서 그것에 대한 경험적 분석과 설명이 충분히 가능하다. 물론 배치로 존재를 환원하여 이해할 수 없다는 점도 다시금 강조할 필요가 있다. 배치가 있기 때문에 존재하는 것이 아니라 존재가 매번 다른 배치로 생성되는 것이다. 이는 존재하는 것이 국소적으로 현실화되지 않고 있는 매우 다양한 잠재적 배치들을 포함하고 있음을 시사한다. 이것들은 심층에 "내속subsist"하고 있다가 속도와 방향을 갖고 특정한 시공간에서 "외존exist"하게 되어 하나의 배치, 즉 하나의 사건과 경험이 되는 것으로 이해할 수 있다(Deleuze and Guattari 1987, 267, 494-97; DeLanda 2002, 31-32; 이정우 2008, 32).

특히 배치는 '속도'와 '방향'의 관점에서 경험적 분석 대상으로 한층 더 깊게 이해될 수 있다. 이론적으로 존재하는 것은 심층과 표층(내속과 실존)을 오가면서 항상 변해가는 것으로 볼 수 있지만, 여기에 속도와 방향의 정도를 변수로 삽입하면 존재의 상태가 안정과 불안정으로 구별될 수 있다는 점을 알게 된다. 즉, 존재의 미분적 변이 '속도'가 느리거나 멈춰 있다면 혹은 그것이 하나의 '방향'으로 고정되어 있다면 상이함이 아닌 동일한 형상의 배치가 매우 안정적으로 유지될 수 있다. 이처럼 배치의 안정화가 일어난 경우를 들뢰즈의 언어로 표현하면 "영토화"라고 칭할 수 있으며, 배치의 안정화가 지속되고 나아가 고착화될 때 존재의 상태가 닫힌 "영토성"에 머물러 있다고 칭할 수 있다(Deleuze and Guattari 1987, 33-41, 504-505). 이런 측면에서 이정우가 정확히 설명했듯이 들뢰즈의 생성존재론은 "실재의 부재, 무의미, 상대주의, 강한 주관주의 등으로 특징지어지는 포스트모더니즘과는 대극에 선" 시각이라 할 수 있다(이정우 2011, 500-501).

종합해보면 생성존재론은 존재의 원리를 고정된 본질(실체)도, 미완성의 막연한 흐름(유동)도 아닌 "차이생성"으로 본다고 정리할 수 있다. 매번 "일의적"으로 차이를 만들어내면서도 현실의 사건이 되며 나아가 안정화될 수도 있는, 항상 무엇으로 "되어가는" 다양체로 존재를 이해하는 입장이 바로 생성존재론의 핵심이다. 따라서 존재의 속성은 동일성(본질성)도 상대성(판단 불가능성)도 아닌 "잠재성"이 될 수밖에 없다.

3. "되어가는 다양체"로서의 정체성

이와 같은 생성존재론 시각에서 볼 때 정체성 역시 "되어가는 다양체"로 이해될 수 있다. 앞서 설명한 대학교나 졸업식의 경우와 마찬가지로 정체성도 다른 여러 기계들 간의 얽힘을 통해 생성되는 존재(기계)이다. 한국의 정체성을 예로 들어보자. 이것은 동아시아라는 지리적 위치와 한반도라는 물리적 공간, 그리고 그 내부의 구성원(시민)들, 도시들, 정부기관들 등이 결합하여 하나의 물리적 선을 이루고 여기에 민주주의, 자유시장, 한글이라는 언어, 한민족이라는 혈통과 역사 등이 사회언표적 선을 이루어서 접속하고 상호작용하면서 생성되어가는 존재이며, 매번 다르게 (차이를 만들면서) 특정한 시간과 공간에 배치되고 있다고 이해할 수 있다. 더욱이 정체성은 자국에 대한 '간주관적' 이해라고 할 수 있기 때문에 그것의 발생요소들은 반드시 타자(타국)라는 또 다른 존재와의 접속을 통해서만 생성된다. 정체성의 발생요소들 간의 접속은 국경선 내부로만 한정되지 않고 외부에 존재하는 기계들이 또 다른 선으로 내부의 다양한 선들과 접속하면서 생성된다. 따라서 논리적으로 정체성은 시공간적 맥락에서 내외부의 관계 맺음에 따라 매번 다르게 배치(현실화)될 수밖에 없다. 요컨대 정체성은 필연적으로 "차이생성"하는 잠재적 다양체로서 "내속"과 "실존"하게 되는 것이다.

물론 앞선 논의에서 보았듯이 속도와 방향(시간과 공간)의 측면에서 그러한 잠재적 다양체는 '안정화'될 수 있는데, 이것은 충분히 경험적으로 분석될 수 있다. 예를 들어, 1990년대 한국의 정체성은 민족(혈통)을 중심으로 배치된 정체성이 안정화된 속도와 일정한 방향을 갖고 있었던 반면, 30년이 흐른 2020년에는 민족(혈통)정체성 배치의 안정화가 흔들리고 대신 민주주의와 같은 정치이념(제도)을 중심으로 재배치기 나타나는 것으로 '분석'된다(강우창 2020; 황태희 2020). 나아가 이렇게 시간적으로 안정화된 정체성 배치도 공간적 관계, 즉 자-타의 관계에 따라 다른 형상으로 또다시 '재' 배치될 수 있다. 예를 들어, 한국의 정체성은 일본이라는 존재(기계)와 접속하게 되면 민주주의 정치이념으로 배치된 2020년과는 다르게 재배치된다. 한일관계에서 한국의 정체성은 민주주의 혹은 자유시장경제와 같은 정치경제적 가치나 제도 혹은 아시아라는 지리적 범주를 중심으로 배치되기보다는 (민주주의, 시장경제, 아시아 국가인) 일본을 가해자로 타자화하는 방향으로 배치되며 이에 한국은 일본을 불신하거나 경계하는 경향을 나타낸다. 이는 세대나 성별과 관계없이 매우 '안정적'으로 유지되고 있는 것으로 분석되기도 한다(김위근 2020). 이런 측면에서 최소한 일본과의 관계에서 한국의 정체성은 "영토화"되어 있다고도 볼 수 있다.[18] 그렇다면 이 순간 '민주주의'라는 정치이념으로 배치되어 있었던 정체성은 더 이상 존재하지 않고 "사라지는perish" 것인가? 그렇지 않다. 전술한 바와 같이, 생성존재론의 관점에서 그것은 "내속"하는 것으로 이해할 수 있다.[19] 즉, (한국의) 정체성은 그 자체가 다수의 미분적

18 이렇게 배치된 정체성의 안정화, 특히 그것의 "영토화"는 한일관계뿐만 아니라 이스라엘과 팔레스타인의 관계, 인도와 파키스탄의 관계 등 수십 년간 고착화되어 있는 자-타 관계를 이해하는 데에도 유용하다. 나아가 이론적으로 볼 때 영토화가 지속되면 그 내부의 관계가 곧 사회적 "코드"가 되어 사회구성원의 행위를 제약할 수 있는 것으로 가정할 수 있다. 달리 말해, 물질적 이해관계나 국내외의 환경적 변화에 따라 외교행위가 변모하는 것이 아니라 특정한 정체성이 영토화되고 그에 상응하는 특정한 관계가 지속되면서 그 관계를 유지하는 것 자체가 일종의 행동코드, 즉 규범과 관습routine이 될 수 있는 것이다. 피에르 브르디외Pierre Bourdieu의 사회이론을 기초로 국제정치학의 실천이론practice theory을 발전시킨 일군의 학자들이 강조하듯이(Pouliot 2008; Adler and Pouliot 2011a; 2011b), 관습에서 벗어난 행위는 행위자의 "실존적 불안existential anxiety"을 야기하기 때문에 실행되기가 매우 어려워진다.

19 바로 이 지점에서 정체성을 생성존재론으로 이해하는 것과 앞서 설명한 관계주의로 이해하는 것 사이의 명확한 차이를 발견할 수 있다. 전술한 바와 같이, 관계주의에 기반한 비판적 구성주의에서는 정체성의 존재를 언제

변이들(예를 들어, 한민족 정체성, 민주주의 정체성, 아시아 정체성, 피해자 정체성 등)을 만들고 포함하는 잠재적 다양체이며, 어느 것으로 배치될지 미리 알 수 없지만 현실의 사건이 되어 경험될 수 있는 존재인 것이다.

나 "필연적 미완성"인 유동flux으로 인식하면서 실체/본질 없이 "비어 있는 empty" 상태로 본다. 이러한 입장은 비어 있는 상태를 채우는 그 무엇(해석, 담론)이 사라지면 정체성도 사라지게 된다는 논리를 갖게 된다. 그리고 주지하듯이 비판적 구성주의자들, 특히 포스트모더니즘에 영향을 많이 받은 구성주의와 정체성 연구자들은 해석의 맥락구속성/상대성을 강조한다. 이렇게 볼 때 해석이나 담론이 바뀌면 정체성은 "사라지는" 것이 된다. 여기에서 정체성은 무엇에 의해서만(담론행위에 의해서만) 작동될 수 있는 수동적 존재로 남는 것이다. 달라지는 관계에 따라서 정체성도 같이 달라지며 그전의 정체성은 사라지는 것이다. 이런 입장과 다르게 생성존재론에서는 하나의 정체성이 사라지고 다시 새로운 정체성이 새로운 관계 속에서 구성되는 것이 아니라 정체성은 되어가는 잠재적 다양체로 그 자체가 다양한 형태로 발생될 수 있는 존재라고 보며 이러한 메커니즘을 외존(현실)-내존(잠재)의 다이내믹으로 이해한다. 들뢰즈가 잠재, 차이, 생성의 철학가이면서 동시에 "지속 continuity"의 철학자로 불리는 이유가 바로 여기에 있다. 이런 측면에서 극단적 관계주의를 사유하는(즉, 물리적이든 비물리적이든 실체는 그것이 맺고 있는 관계가 바뀔 때마다 매번 함께 "사라지는" 것으로 이해하는) 앨프리드 화이트헤드Alfred Whitehead나 브뤼노 라투르Bruno Latour의 철학과 들뢰즈의 철학은 (비록 양측 모두 실체의 비본질성을 강조함에도) 큰 차이를 보인다는 점에 주의를 기울일 필요가 있다(Harman 2014, 124-25).

이처럼 들뢰즈의 생성존재론에 입각하여 정체성을 존재론적으로 재기초할 때 비로소 우리는 정체성 연구 지형도에서 발견할 수 있었던 실체주의적 정체성 연구와 관계주의적 정체성 연구의 인식론 및 분석적 대립을 극복할 수 있게 되며, 이를 통해 정체성을 '더 잘' 이해할 수 있게 된다. 실체(본질)주의를 따르는 '전통적' 구성주의 연구자들은 정체성을 행위자에 영향을 끼치는 인과적 요인이나 설명변수로, 관계(주관)주의를 기초로 하는 '비판적' 구성주의 연구자들은 정체성을 정치적 해석이나 담론행위로만 여기고 있다. 이러한 간극 때문에 마치 건널 수 없는 인식론 및 분석적 대립이 있는 것처럼 보이지만, 이는 양측 모두 정체성을 존재론적으로 매우 협소하거나 단편적으로 이해하기 때문에 발생한 불필요한 대립이고 간극이다.

생성존재론에 따르면 정체성은 본질적 실체가 아니고 그렇다고 언제나 유동하는 미완성의 결핍도 아니다. 그것은 오직 차이생성하는, 즉 "되어가는 다양체"이다.

기호, 상징, 담론 등에 "의해서 작동되는acted upon by" 수
동적 구성물이 아니라 무언가로 생성되고 있으며 무언
가를 생성하고 있는 존재이다. 그리고 이러한 생성은
본질적 혹은 초월적 속성에 기인한 것이 아니라 수많은
"기계"들 간의 얽힘으로부터 비롯된 것이다. 생성존재
론의 관점에서 정체성은 물리적·사회언표적 발생요소
들 간의 얽힘으로 다수의 미분적 변이들을 만들어내며
심층에 잠재되어 있는 그 변이들은 특정한 시공간에서
속도와 방향을 갖고 적분되어 표층에 배치될 수 있다.
나아가 배치된 정체성은 안정화될 수도 있다. 물론 다
수의 미분적 변이가 무엇으로 어떻게 현실화되고 배치
될지는 미리 정해져 있지 않으며, 나아가 비록 배치된
정체성이 안정화되어도 또 다른 형상으로 재배치될 수
있다. 말 그대로 잠재적 "역능"을 갖고 무엇인가로 되어
가고 있는becoming 다양체인 것이다(Deleuze and Guat-
tari 1987, 95, 101).

정체성에 대한 이러한 존재론적 사유를 통해 우리는

기존의 양 갈래로 나뉜 인식론과 분석적 입장을 모두 포괄할 수 있게 된다. 좀 더 구체적으로 설명하자면, 배치된 정체성은 특정한 시공간에서 속도와 방향을 갖고 있는 현상 혹은 사건이기 때문에 분명히 경험적 분석의 대상이 되며, 그러한 배치의 안정화와 지속화, 즉 "영토화"는 정체성을 하나의 설명'변수'로 취하면서 일반화를 통한 이론건설을 가능케 한다. 나아가 이는 전통적 구성주의자들의 많은 관심을 받는 "정체성-행동연계 identity-action nexus" 분석모델의 활용에 대한 타당한 근거가 된다. 앞의 각주에서 간략히 언급했듯이, 영토화된 정체성은 그 자체가 하나의 사회적 "코드"가 되어 그 사회의 구성원이 어떤 행동을 할 수 있는지에 대한 범위를 규정하고 행동을 규약하게 된다. 사회적 코드 혹은 "관습"(Pouliot 2008; Adler and Pouliot 2011a; 2011b)에서 벗어난 행태는 행위자의 "실존적 불안existential anxiety"을 야기하기 때문이다. 여기에 더해 사회적 코드 혹은 관습에서 벗어난 정치적 선택은 정치적 이해득실에서도 "비합리적" 선택이다. 따라서 '정치적' 행위자인 외교정책 결정자들은 영토화된 정체성에 상응하는 외교행위를 선택할 개연성이 있다는 가정하에 "정체성-행동연계"를 모델링하고 경험적 검증을 통해 이론화할 수 있다.

물론 그 어떤 배치도 선험적으로 결정되어 있지 않으며 이미 배치된 정체성도 다른 형상으로 재배치될 수 있다. 영토화된 정체성도 다른 형상/모습으로 재배치될 수 있다. 존재론적으로 정체성은 되어가는 다양체이기 때문이다. 여기에서 중요한 점은 물리적·사회언표적 요소들이 접속하고 얽히면서 배치가 형성되는 과정에 (담론)권력의 개입, 즉 비판적 구성주의자들이 관심을 두는 "지식-권력" 문제와 "정체성 정치"가 나타날 수 있다는 것이다. 배치는 선험적으로, 본질적으로, 초월적으로 결정되어 있지 않기 때문에 그것의 발생 과정에 정치적 개입의 여지가 있다. 특히 특정한 정체성-배치가 영토화되었다면 그것은 곧 그 정체성-배치가 일종의 '본질'로 작동하고 있음을 시사한다. 달리 말하자면, 존재론적으로 다양체인 정체성이 인종이든 민족이든 지역이든 젠더이든 정치이념이든 어느 하나의 발생요소(기계)로 고착화되고 층화되었다는 것을 의미한다. 이처럼 하나의 층으로 고착화되어 일종의 정체성 영토가 만들어질 경우 그 영토에 속하지 않는 개인이나 그들의 시각은 배제와 차별의 대상으로 여겨지게 된다. 배제와 차별이라는 "정체성 정치"의 문제가 발생하는 것이다. 이는 앞서 자세히 논한 바와 같이 비판적 구성주의 연구자들이 그간 많은 관심을 보인 담론 분석 및 규범적 논의, 나아가 본질화된 정체성의 담론적 해체 deconstruction를 타당한 연구방법으로 적극 수용하는 중요한 근거가 된다.

　이처럼 정체성을 생성존재론으로 재기초할 때 인식론과 방법론의 측면에서 실증주의 vs. 탈실증주의가 아니라 둘의 입장을 포용하는 다원주의가 가능하다. 이런 맥락에서 제3장의 첫머리에서 소개한 브루베이커와 쿠퍼의 비판 역시 매우 단편적임을 알 수 있다. 이들이 정체성 연구 프로그램과 구성주의 이론 패러다임을 비판할 때 내세운 핵심 논리는 바로 정체성이 "동일성과 차이성"을 동시에 일으키는 존재가 될 수 없다는 주장이었다. 따라서 실증주의(동일성의 논리)와 탈실증주의(차이성의 논리) 사이의 "모순"을 극복하기 위해서 정체성(개념)을 사용하지 말자는 이른바 "정체성을 넘어" 입장을 피력했던 것이다. 그러나 이는 정체성을 존재론적으로 깊이 사유하지 못했기 때문에 발생한 오류이다. 우리는 생성존재론을 통해 정체성이 실체(동일성) vs. 유동(차이성) 둘 중 어느 하나만 될 수 있는 존재가 아니라 동일성과 차이성을 함께 포괄할 수 있는 "되어가는 다양체"임을 알 수 있게 된다. <표 2>는 지금까지의 논의를 종합한 것이다.

표 2. 정체성 연구지형도 '다시' 그리기(re-mapping)

	실체로서의 정체성 (identity as entity)	유동으로서의 정체성 (identity as flux)	되어가는 다양체로서의 정체성 (identity as becoming)
존재론적 입장	실체주의	관계주의	차이생성론
인식론적 입장	실증주의 (경험주의)	탈실증주의 (탈구조주의)	다원주의
분석적 경향	기능적(설명/인과) "변수"에 초점	정치담론(행위)에 초점	설명변수와 담론행위 모두 포괄
구성주의 이론의 종류	전통적 구성주의	비판적 구성주의	n/a
연구지형도에서의 상대적 위치	다수	소수	n/a

제4장

맺으며

국제정치학자들은 어떻게 하면 정체성을 '더 잘' 이해할 수 있을까? 이 질문에 대한 답을 찾는 것이 이책의 목표였다. 만약 타당한 답을 찾는다면, 정체성 연구 프로그램의 발전은 물론이고 정체성을 이론의 견고한 핵에 위치시키는 구성주의 이론의 진화에도 큰 공헌을 할 수 있게 된다. 또한 이는 구성주의를 주류 이론으로 활용하고 있는 현現 국제정치학계의 발전으로도 이어질 수 있다. 물론 이와 같은 질문에 설득력 있는 답을 제시하기 위해서는 매우 많은 학술적 작업이 필요하다. 예를 들어, 정체성에 대한 더 나은 이해방식을 도출하기 위해서는 그동안 정체성이 어떻게 연구되어왔는지를 먼저 잘 알고 있어야만 한다. 즉, 국제정치학자들은 정체성을 어떠한 존재로 이해하면서 어떻게 이론화하고 분석해왔는지, 나아가 이러한 정체성 연구들이 직면한 한계나 도전은 무엇인지에 대해 깊이 이해할 때 비로소 어떻게 하면 더 나은 정체성 연구 프로그램으로 발전시켜갈 수 있는지에 답할 수 있기 때문이다. 이런 맥락에서 우선 필자는 지난 30여 년간 국제정치학계에서 출간된 정체성 관련 연구문헌들을 검토하면서 일종의 연구지형도를 그려보는 작업을 진행했다. 진화된 연구 프로그램(지식생산의 장)을 개발하기 위해서는 단순히 기존 연구의 내용을 소개하고 이슈 영역별로 분류하는 것이 아니라 매우 심층적이면서도 체계적으로 분석하는 것이 필수적이다. 이를 위해 이 책에서는 유형화라는 방법을 차용하고 이를 기초로 정체성 연구의 '유형적 지도'를 만들어 제2장의 <표 1>로 제시했다. 여기에서 필자는 4개의 기준점(존재론, 인식론, 이론, 분석 경향)으로 기존의 정체성 연구들을 유형화하고 상호 연결시키면서 전체적인 연구지형과 주요한 생김새들을 파악했다. 즉 기존 정체성 연구들의 존재론적, 인식론적, 이론적, 분석적 입장을 파악하고, 이러한 입장들을 포괄할 수 있는 특정한 유형type을 도출했다. 이와 같은 유형학적 분석작업은 아직까지 국내외에서 찾아볼 수 없는 작업이기도 하다.

나아가 이를 기초로 현 정체성 연구 프로그램의 한계가 무엇인지 파악할 수 있었다. 비록 명시적으로 표명하거나 드러나 있지는 않지만 대체로 1990년대 후반부터 현재까지 정체성 연구들은 정체성의 존재를 어떻게 볼 것인지를 두고 '실체주의' 혹은 '관계주의'(본질주의 혹은 상대주의)로 양분된 입장을 견지하고 있는 상태이다. 정체성을 매우 안정적으로 유지되고 본질적 속성을 갖는 실체로 보는 입장과 이와 반대로 정체성을 사회역사적 관계 속에서 구성되는 매우 불안정하고 언제나 미완성이며 유동적인 (정치)담론행위로 보는 입장이 혼재되어 있다. 이처럼 상이한 두 개의 존재론적 입장에

맞물려 인식론, 이론, 그리고 분석적 경향들 역시 양분되어 있는 경향을 보인다. 이들은 서로 대화하거나 관여하거나 연계하지 않지만 동시에 모두 정체성이라는 개념과 용어를 각자의 진영 내에서 사용하고 분석의 대상으로 삼고 있으며, 나아가 자신들의 연구는 "구성주의 이슈에 속하는 것으로 스스로 인식"하고 있기도 하다(McCourt 2016, 476). 이와 같은 일관성의 부재는 지적 진보에 큰 도전이기 때문에 이를 해결할 때 비로소 '더 나은' 정체성 연구프로그램을 도출할 수 있게 된다. 이러한 문제를 해결하기 위해 기존에 제시된 방법은 크게 보아 두 갈래로 나뉜다고 할 수 있다. 첫 번째 방법은 양 갈래로 나뉜 진영을 하나의 입장(대개는 전통적 구성주의 입장)으로 수렴시키는 것이며, 다른 하나의 방법은 "정체성을 넘어" 완전히 다른 개념을 사용하는 것이다. 그러나 이 둘의 제안은 존재론적 측면이 아니라 인식론과 방법론의 측면에서 고려된 제안들이며 따라서 근본적인 해결책이 될 수 없기 때문에 이 책은 양측의 입장을 모두 포괄할 수 있는 새로운 존재론적 대안을 제시하고자 했다.

이러한 맥락에서 필자는 생철학으로 알려진 현대철학의 사유들, 특히 들뢰즈의 '생성존재론'과 '배치' 이론을 설명하고 이를 정체성 연구에 접목하면서 정체성을 더 잘 이해할 수 있음을 논증했다. 제3장에서 제시한 <표 2>는 생성존재론의 도움을 받아 존재론의 측면에서 정체성 연구지형도를 '다시' 그린 것이라고 할 수 있다. 이렇게 할 때 우리는 구성주의 이론과 정체성 연구 프로그램에서 발견되는 이분법의 모순에서 벗어나서 연구 범위와 영역을 확장하는 외적 타당성external validity 을 얻을 수 있을 뿐만 아니라 실증주의 기반의 경험분석적 논의와 탈실증주의 기반의 규범해석적 논의를 충돌 없이 포괄하면서 내적 일관성도 획득할 수 있게 된다. 주지하듯이 외적 타당성과 내적 일관성은 "과학적" 지식을 판단하고 연구 프로그램의 진화 혹은 퇴화를 판단하는 가장 중요한 두 가지 요건이기도 하다(Kuhn

1970; Lakatos and Musgrave 1970).

　나아가 생성존재론으로 정체성을 재기초하자는 제안은 정체성 연구 프로그램의 진화와 구성주의 이론의 발전에 도움이 될 수 있으며 나아가 타 학문과의 학제적 이해와 접근을 촉발할 수 있다고 필자는 판단한다. 예를 들어, 앞 장에서 상술한 "되어가는 다양체"로서의 정체성, 특히 그것의 내속과 외존 다이내믹은 양자물리학이론과의 유비를 통해서 이해될 수도 있다. 좀 더 설명하자면, 내속 상태의 정체성들, 즉 현실에 배치되지 않은 다수의 정체성 미분 변이들은 일종의 "양자 결맞음"의 상태에 있는 것과 같다고 볼 수 있다. 양자물리학에서 양자 결맞음이란 입자들이 동일한 "포텐셜"을 갖고 상호 구분되지 않는 조건에 놓여 있는 것으로 마치 하나의 "파동"처럼 움직이는 상태를 의미한다. 따라서 물리학자들은 이러한 상태에서 입자들이 하나의 시공간이 아닌 다수의 시공간에 동시에 존재할 수 있고 ("비국소성") 수많은 가능성을 잠재하고 있는 것으로 이해한다(Murphy 2021, 26-32). 마찬가지로 정체성도 잠재적 (즉 되어가는) 다양체로서 다수의 미분적 변이들이 무엇으로 배치될지 정해져 있지 않은, 달리 말하면 다수의 가능성(포텐셜/역능)을 갖는 비국소적인 파동과 같이 작동하는 것으로 이해될 수 있다. 물론 앞 장에서 강조한 바와 같이 정체성은 특정한 시공간에 배치되어 우리에게 하나의 사건이 되고 경험된다. 이 역시도 양자물리학적으로 이해할 수 있다. 양자 결맞음 상태는 결국 관측과 같은 거시세계의 다양한 "간섭"으로 인해 국소적 시공간을 갖는 입자 현상으로 관측자들에게 "보이게" 되면서 파동(함수)이 붕괴된다. "양자 결어긋남"이 발생하는 것이다. 마찬가지로 정체성이 특정한 시공간에서 물리적 선들과 사회언표적 선들 간의 접속("간섭")으로 하나의 모습으로 배치되어 우리 인간(연구자)에게 보이는/경험되는 것을 파동의 붕괴, 즉 "양자 결어긋남" 상태로 이해할 수 있다.

　나아가 생성존재론에 입각하여 정체성을 "되어가는

다양체"로 인식할 때 동일성과 차이성 혹은 지속과 변화는 두 개의 상반된 존재적 성질 아니라 한one 존재의 두two 양상이며, 따라서 정체성은 안정(실체주의적 분석)과 유동(관계주의적 분석)을 모두 포괄하는 존재로 이해될 수 있다고 설명한 바 있다. 다소 형이상학적으로 들릴 수 있는 이러한 설명 역시 물리학의 물질에너지 상태변화와 연계하여 이해될 수 있다. 물리학 실험에서 이미 입증된 바와 같이, 원자나 원자핵과 같은 물질에너지는 고정되어 있지 않으며 동시에 유동적으로 변화하기만 하는 것도 아니다. 에너지는 '다양한' 상태에 '머물러' 있는데, 우선 가장 낮은 에너지를 가진 상태를 "바닥상태ground state"라고 한다. 이는 오랫동안 유지되는 상태이기도 하다. 여기에서 전자기파와 같은 에너지가 발생하여 높은 에너지를 가진 상태를 "들뜬상태excited state"라고 하는데, 이는 짧은 순간 유지된다. 더불어 바닥상태보다는 짧지만 들뜬상태보다는 길게 유지되면서 그 사이에 존재하는 에너지 상태를 "준안정 상태metastable state"라고 한다. 들뢰즈의 생성존재론은 존재하는 것들을 바로 이 "준안정 상태"에 있는 에너지처럼 이해한다고 볼 수 있다. 즉, 바닥상태에서 들뜬상태로, 다시 들뜬상태에서 바닥상태로 오고 갈 수 있는 "그 사이in-between"의 에너지와 준안정된 상태가 들뢰즈의 존재(기계)에 대한 시각이며 이것을 "잠재성"으로 개념화한 것으로 이해할 수 있다. 물론 앞서 설명한 바와 같이 존재하는 것(기계)은 종종 영토화된다. 정체성도 마찬가지이다. 그렇다면 영토화된 상태는 곧 물질 에너지의 "바닥상태"처럼 오래 지속될 수 있는 상태에 있는 것으로 볼 수 있다. 이때는 에너지가 매우 낮은 상태를 의미하기 때문에 창조(곧 들뢰즈가 강조하는 "욕망")가 발현되기 매우 어려운 상태를 의미하기도 한다. 정체성이 영토화되면 그것의 영토(코드)를 벗어난 '다른' 행위가 발현되기 어렵다고 앞서 설명한 바 있는데 이는 물리에너지의 측면에서 볼 때 정체성이라는 존재(기계)의 에너지가 "바닥상태"에 놓여 있기 때문이라고 해석할 수 있다.

생성존재론과 이에 기초한 정체성의 재고rethink는 형이상학의 세계에서만 논증될 필요가 없다. 기실 들뢰즈의 철학은 과학과 분리되어 있지 않다. 오히려 들뢰즈는 과학에 필요한 개념을 재조하고 과학에 대한 실재론적 사유를 제공하는 것을 철학의 주요 목적 중 하나로 삼아왔다. 이는 앙리 베르그손Henri Bergson도 마찬가지인데, 들뢰즈의 사유가 베르그손의 철학과 맞닿아 있다는 것은 주지의 사실이다. 특히 들뢰즈는 펠릭스 가타리Félix Guattari와 함께 저술한 *What is philosophy*(1994)에서 잠재(카오스)에서 카오이드(chaoïde)가 재단되는 형식으로 예술, 과학, 철학에 대해 인간의 뇌를 매개로 논하고 있는데, 여기에서 이 세 면은 고유한 창조의 영역이면서도 결코 배타적으로 존재하지 않고 그 어느 하나가 독점적 권한을 갖고 있지 않은 것으로 논증된다. 오로지 나란히 함께 배치되어 있으며 "상호 간섭"을 통해 창조의 면을 만들어가는 것으로 여겨진다. 이들은 창조라는 '하나'의 장의 세 분야라고도 할 수 있다. 따라서 창조하고 생성하는 주체의 필수요건은 예술, 과학, 철학의 상호 참조와 간섭, 즉 얽힘인 것이다. 철학-예술-과학의 학제적 접근이 필요한 이유이기도 하다 (Eun 2021).

이 책이 창조에 필수적인 상호 간섭을 촉발할 만큼의 지적 자원이 되기에는 부족할 것이다. 그럼에도 이 책이 구성주의 이론과 국제정치학이 그러한 방향으로 갈 수 있는 작은 단초가 될 수 있길 바란다. 특히 기존 연구에 대한 검토부터 대안적 입장 제시까지, 이 책에서 진행된 많은 논의들이 구성주의 이론과 정체성 연구 프로그램에 유용한 참고점이 되면서 특히나 많은 비평과 새로운 논쟁으로 이어지길 바란다. 창조의 필수요건은 상호 간섭이고, 비평과 논쟁은 그것의 출발이기 때문이다. 경계를 넘는 이러한 지적 얽힘을 통해 이 책이 더 나은 생성을 유발할 수 있다면 더할 나위 없겠다.

참고문헌

강우창. 2020. "한국인의 이념 정체성과 민주주의에 대한 태도." 『EAI 워킹페이퍼』. 동아시아 연구원. https://www.dbpia. co.kr/Journal/voisDetail?voisId=VOIS00632275 (접속일: 2021년 4월 5일).

김위근. 2020. "한·일 갈등에 대한 양국 시민 인식 조사." 『미디어 이슈』 6, no. 4: 1-16.

박건영. 2020. "중국특색적 자유주의국제질서' 하의 예외주의 정치 문명의 충돌?" 『한국과 국제정치』 36, no. 1: 185-221.

이정우. 2008. 『천 하나의 고원: 소수자 윤리학을 위하여』. 서울: 돌베개.

_____. 2011. 『사건의 철학』. 서울: 그린비.

황태희. 2020. "한국인의 정체성: 북한과 통일에 대한 한국인의 인식." 『EAI 워킹페이퍼』. 동아시아 연구원. https://www.dbpia. co.kr/Journal/voisDetail?voisId=VOIS00632273 (접속일: 2021년 5월 8일).

Abdelal, Rawi, Yoshiko M. Herrera, Alastair I. Johnston, and Rose McDermott. 2006. "Identity as a Variable." *Perspectives on Politics* 4, no. 4: 695–711.

Acharya, Amitav. 2000. *The Quest for Identity: International Relations of Southeast Asia*. Singapore: Oxford University Press.

Adler, Emanuel and Michael Barnett. 1998. *Security Communities*. Cambridge: Cambridge University Press.

Allan, Bentley B., Srdjan Vucetic, and Ted Hopf. 2018. "The Distribution of Identity and the Future of International Order: China's Hegemonic Prospects." *International Organization* 72, no. 4: 839–69.

Ashizawa, Kuniko. 2008. "When Identity Matters: State Identity, Regional Institution-Building, and Japanese Foreign Policy." *International Studies Review* 10, no. 3: 571-98.

_____. 2013. *Japan, the US, and Regional Institution-Building in the New Asia*. New York: Palgrave Macmillan.

Banchoff, Thomas. 1999. "German Identity and European Integration." *European Journal of International Relations* 5, no. 3: 259–89.

Barnett, Michael. 1999. "Culture, Strategy and Foreign Policy Change: Israel's Road to Oslo." *European Journal of International Relations* 5, no. 1: 5–36.

Bayram, A. Burcu. 2017a. "Due Deference: Cosmopolitan Social Identity and the Psychology of Legal Obligation in International Politics." *International Organization* 71, no. 1: 137–63.

_____. 2017b. "Good Europeans? How European Identity and Costs Interact to Explain Politician Attitudes Towards Compliance with European Union Law." *Journal of European Public Policy* 24, no. 1: 42-60.

Beacháin, Donnacha Ó and Frederik Coene. 2014. "Go West:

Georgia's European Identity and Its Role in Domestic Politics and Foreign Policy Objectives." *Nationalities Papers* 42, no. 6: 923–41.

Berenskoetter, Felix. 2017. "Identity in International Relations." *Oxford Research Encyclopedia of International Relations.* https://doi.org/10.1093/acrefore/9780190846626.013.218.

Berger, Thomas. 1993. "From Sword to Chrysanthemum: Japan's Culture of Anti-militarism." *International Security* 17, no. 4: 119-50.

———. 1996. "Norms, Identity, and National Security in Germany and Japan." in *The Culture of National Security: Norms and Identity in World Politics*, ed. Peter J. Katzenstein. New York: Columbia University Press.

———. 1998. *Cultures of Antimilitarism: National Security in Germany and Japan.* Baltimore: Johns Hopkins University Press.

Biersteker, Thomas J. and Cynthia Weber. 1996. *State Sovereignty as a Social Construct.* Cambridge: Cambridge University Press.

Bloom, William. 1990. *Personal Identity, National Identity and International Relations.* Cambridge: Cambridge University Press.

Boulding, Kenneth E. 1959. "National Images and International Systems." *Journal of Conflict Resolution* 3, no. 2: 120–31.

Brubaker, Rogers and Frederick Cooper. 2000. "Beyond Identity." *Theory and Society* 29, no. 1: 1–47.

Bucher, Bernd and Ursula Jasper. 2017. "Revisiting 'identity' in International Relations: From Identity as Substance to Identifications in Action." *European Journal of International Relations*. 23, no. 2: 391-415.

Campbell, David. 1992. *Writing Security: United States Foreign Policy and the Politics of Identity*. Minneapolis, MN: University of Minnesota Press.

Catalinac, Amy L. 2007. "Identity Theory and Foreign Policy: Explaining Japan's Responses to the 1991 Gulf War and the 2003 US War in Iraq." *Politics and Policy* 35, no. 1: 58-100.

Checkel, Jeffrey T. 1998. "The Constructivist Turn in International Relations Theory." *World Politics* 50, no. 2: 324-48.

_____. 1999. "Norms, Institutions, and National Identity in Contemporary Europe." *International Studies Quarterly* 43, no. 2: 83–114.

_____. 2001. "Why Comply? Social Learning and European Identity Change." *International Organization* 55, no. 3: 553–88.

_____. 2005. "International Institutions and Socialization in Europe: Introduction and Framework." *International Organization* 59, no. 4: 801–26.

Cowles, Green M., James Carporaso, and Thomas Risse. 2001. *Transforming Europe: Europeanization and Domestic Change*. Ithaca: Cornell University Press.

Cox, Robert. 1996. "Realism, Positivism and Historicism." In *Approaches to World Order*, edited by Robert W. Cox, and Timothy J. Sinclair, 49–59. Cambridge: Cambridge University Press.

Crawford, Beverly and Ronnie D. Lipschutz. 1997. "Discourses of War: Security and the Case of Yugoslavia." in *Critical Security Studies*, ed. K. Williams and M. C. Krause. London: Routledge, 149–86.

Cronin, Bruce. 1999. *Community under Anarchy: Transnational Identity and the Evolution of Cooperation*. New York: Columbia University Press.

DeLanda, Manuel. 2002. *Intensive Science & Virtual Philosophy*. New York: Bloomsbury Academic.

Deleuze, Gilles. 1994. *Difference and Repetition*. Translated by Paul Patton. New York: Columbia University Press.

Deleuze, Gilles and Felix Guattari. 1987. *A Thousand Plateaus: Capitalism and Schizophrenia*. Translated by Brian Massumi. Minneapolis: University of Minnesota.

_____. 1994. *What Is Philosophy?* Translated by Hugh Tomlinson and Graham Burchell. New York: Columbia University Press.

Devetak, Richard. 1996. "Postmodernism." in *Theories of International Relations*, eds. Scott Burchill and Andrew Linklater. New York: St. Martin's Press, 193-200.

Diez, Thomas. 1999. "Speaking 'Europe': The Politics of Integration Discourse." *Journal of European Public Policy* 6, no. 4: 598–613.

_____. 2004. "Europe's Others and the Return of Geopolitics." *Cambridge Review of International Affairs* 17, no. 4: 319–35.

Doty, Roxanne L. 1997. "Aporia: A Critical Exploration of the Agent–structure Problematique in International Relations Theory." *European Journal of International Relations* 3, no. 3: 365–92.

Epstein, Charlotte. 2010. "Who speaks? Discourse, the Subject and the Study of Identity in International Politics." *European Journal of International Relations* 17, no. 2: 327–50.

_____. 2013. "Constructivism or the Eternal Return of Universals in International Relations: Why Returning to Language is Vital to Prolonging the Owl's Flight." *European Journal of International Relations* 19, no. 3: 499–519.

Eun, Yong-Soo. 2020. "Constructivism: National Identity and Foreign Policy." in *The Sage Handbook of Asian Foreign Policy*, ed. Takashi Inoguchi. London: SAGE, 30-50.

_____. 2021. "Calling for IR as "becoming-rhizomatic."" *Global Studies Quarterly* 1(2): 1-12.

Fearon, James and David D. Laitin. 2000. "Violence and the Social Construction of Ethnic Identity." *International Organization* 54, no. 4: 845–77.

Finnemore, Martha. 1996. "Norms, Culture and World Politics. Insights from Sociology's Institutionalism." *International Or-*

ganization 50, no. 2: 325–47.

Finnemore, Martha and Kathryn Sikkink. 1998. "International Norm Dynamics and Political Change." *International Organization* 52, no. 4: 887-917.

Fukuyama, Francis. 2018. "Against Identity Politics: The New Tribalism and the Crisis of Democracy." *Foreign Affairs* 97, no. 5: 90–114.

Gartzke, Erik and Kristian S. Gleditsch. 2006. "Identity and Conflict: Ties That Bind and Differences That Divide." *European Journal of International Relations* 12, no. 1: 53–87.

Gries, Peter H. 2005. "Social Psychology and the Identity-Conflict Debate: Is a 'China Threat' Inevitable?" *European Journal of International Relations* 11, no. 2: 235–65.

Guzzini, Stefano. 2005. "The Concept of Power: A Constructivist Analysis." *Millennium: Journal of International Studies* 33, no. 3: 495–521.

_____. 2013. "The Ends of International Relations Theory: Stages of Reflexivity and Modes of Theorizing." *European Journal of International Relations* 19, no. 3: 521–41.

Hagström, Linus and Karl Gustafsson. 2015. "Japan and Identity Change: Why It Matters in International Relations." *The Pacific Review* 28, no. 1: 1-22.

Hall, Rodney B. 1999. *National Collective Identity: Social Constructs and International Systems.* New York: Columbia University Press.

Harman, Graham. 2014. "Entanglement and Relation: A Response to Bruno Latour and Ian Hodder." *New Literary History* 45, no. 1: 37-49.

Hemmer, Christopher and Peter J. Katzenstein. 2002. "Why Is There No NATO In Asia? Collective Identity, Regionalism, and the Origins of Multilateralism." *International Organization* 56, no. 3: 575–607.

Herrmann, Richard K., Thomas Risse, and Marilynn B. Brewer, eds. 2004. *Transnational Identities: Becoming European in the EU*. New York: Rowman & Littlefield.

Hintz, Lisel. 2018. *Identity Politics Inside Out*. Oxford: Oxford University Press.

Holsti, Kal J. 1970. "National Role Conceptions in the Study of Foreign Policy." *International Studies Quarterly* 14, no. 3: 233–309.

Hopf, Ted. 1998. "The Promise of Constructivism in International Relations Theory." *International Security* 23, no. 1: 182-200.

_____. 2002. *Social Construction of International Politics: Identities and Foreign Policies, Moscow, 1955-1999*. Ithaca, NY: Cornell University Press.

Hopf, Ted and Bentley B. Allan. 2016. *Making Identity Count: Building a National Identity Database*. Oxford: Oxford University Press.

Jepperson, Ronald L., Alexander Wendt, and Peter J. Katzenstein. 1996. "Norms, Identity, and Culture in National Security." in *The Culture of National Security: Norms and Identity in World Politics*, ed. Peter J. Katzenstein. New York: Columbia University Press.

Jervis, Robert. 1976. *Perception and Misperception in International Politics*. Princeton: Princeton University Press.

Johnston, Alastair I. 2005. "Conclusion and Extensions: Toward Mid-Range Theorizing and Beyond Europe." *International Organization* 59, no. 3: 1013–44.

Katzenstein, Peter J. 1996a. *The Culture of National Security. Norms and Identity in World Politics*. New York: Columbia University Press.

_____. 1996b. *Cultural Norms and National Security: Police and Military in Postwar Japan*. Ithaca: Cornell University Press.

Katzenstein, Peter J. and Nobuo Okawara. 1993. "Japan's National Security: Structures, Norms, and Policies." *International Security* 17, no. 4: 84-118.

Koslowski, Rey and Friedrich V. Kratochwill. 1994. "Understanding Change in International Politics: The Soviet Empire's Demise and the International System." *International Organization* 48, no. 2: 215–47.

Kratochwil, Friedrich V. 2008. "Constructivism: What It is (not) and How It Matters." in *Approaches and Methodologies in the Social Sciences: A Pluralist Perspective*, eds. D. Della Porta and M. Keating. Cambridge: Cambridge University Press,

80–99.

Kuhn, Thomas S. 1970. *The Structure of Scientific Revolutions*, 2nd ed. Chicago: University of Chicago Press.

Laffey, Mark. 2000. "Locating Identity: Performativity, Foreign Policy and State Action." *Review of International Studies* 26, no. 3: 429–44.

Lakatos, Imre and Alan Musgrave, eds. 1970. *Criticism and the Growth of Knowledge*. Cambridge: Cambridge University Press.

Lebow, Richard N. 2008. "Identity and International Relations." *International Relations* 22, no. 4: 473–92.

_____. 2012. *The Politics and Ethics of Identity: In Search of Ourselves*. Cambridge: Cambridge University Press.

_____. 2016. *National Identities and International Relations*. Cambridge, England: Cambridge University Press.

Maier, Matthias and Thomas Risse, eds. 2003. *Europeanization, Collective Identities and Public Discourses*. Robert Schuman Centre for Advanced Studies, European University Institute.

McCourt, David M. 2016. "Practice Theory and Relationalism as the New Constructivism." *International Studies Quarterly* 60: 475–85.

Mercer, Jonathan. 1995. "Anarchy and Identity." *International Organization* 49, no. 2: 229–52.

Murphy, Michael P. A. 2021. *Quantum Social Theory for Critical International Relations Theorists*. Palgrave.

Neumann, Iver B. 1996. "Self and Other in International Relations." *European Journal of International Relations* 2, no. 2: 139–74.

_____. 1999. Uses of the Other: "The East" in *European Identity Formation*. Minneapolis: University of Minnesota Press.

Oros, Andrew L. 2008. *Normalizing Japan: Politics, Identity and the Evolution of Security Practice*. Stanford: Stanford University Press.

Reus-Smit, Christian. 1998. "Dangerous Liaisons? Critical International Theory and Constructivism." *European Journal of International Relations* 4, no. 3: 259-94.

_____. 1999. *The Moral Purpose of the State: Culture, Social Identity, and International Rationality in International Relations*. Princeton: Princeton University Press.

_____. 2013. "Beyond Metatheory?" *European Journal of International Relations* 19, no. 3: 589–608.

Rindzeviciute, Egle. 2003. "'Nation' and 'Europe': Re-Approaching the Debates about Lithuanian National Identity." *Journal of Baltic Studies* 34, no. 1: 74–91.

Risse-Kappen, Thomas. 1996. "Collective Identity in a Democratic Community: The Case of NATO." in *The Culture of National Security*, ed. Peter J. Katzenstein. New York: Columbia University Press, 357–99.

Rozman, Gilbert. 2012. *East Asian National Identities: Common Roots and Chinese Exceptionalism*. Stanford: Stanford University Press.

Ruggie, John G. 1993. "Territoriality and Beyond: Problematizing Modernity in International Relations." *International Organization* 47, no. 2: 139–74.

_____. 1998a. "What Makes the World Hang Together? Neo-Utilitarism and the Social Constructivist Challenge." *International Organization* 52, no. 4: 880-82.

_____. 1998b. "Interests, Identity and American Foreign Policy." in *Constructing the World Polity*, ed. John G. Ruggie. New York: Routledge.

Singh, Bhubhindar. 2008. "Japan's Security Policy: From A Peace State to an International State." *The Pacific Review* 21, no. 3: 303-25.

Silber, John R. 1959. "Kant's Conception of the Highest Good as Immanent and Transcendent." *Philosophical Review* 68, no. 4: 469-92.

Smith, Anthony D. 1991. *National Identity*. Reno: University of Nevada Press.

_____. 1998. *Nationalism and Modernism: A Critical Survey of Recent Theories of Nation and Nationalism*. London: Routledge.

Smith, Rogers. 2004. "Identities, Interests, and the Future of Political Science." *Perspectives on Politics* 2, no. 2: 301–12.

Steele, Brent J. 2005. "Ontological Security and the Power of Self-identity: British Neutrality and the American Civil

War." *Review of International Studies* 31, no. 3: 519–40.

Tajfel, Henri. 1981. *Human Groups and Social Categories: Studies in Social Psychology*. London: Cambridge University Press.

Turner, John C., R. J. Brown, and Henri Tajfel. 1979. "Social Comparison and Group Interest in In-group Favoritism." *European Journal of Social Psychology* 9, no. 2: 187–204.

Urrestarazu, Ursula S. 2015. "'Identity' in International Relations and Foreign Policy Theory." in *Theorizing Foreign Policy in a Globalized World*, eds. Knud E. Jørgensen and Gunther Hellmann. London: Palgrave Macmillan, 126-49.

Waever, Ole. 1998. "Insecurity, Security and Asecurity in the West European Non-war Community." in *Security Communities*, eds. E. Adler and M. Barnett. Cambridge: Cambridge University Press, 69–118.

———. 2002. "Identity, Communities and Foreign Policy. Discourse Analysis as a Foreign Policy Theory." in *European Integration and National Identity: The Challenge of the Nordic States*, eds. L. Hansen and O. Waever. London: Routledge, 20–49.

Waever, Ole., Barry Buzan, Morten Kelstrup, and Pierre Lemaitre. 1993. *Identity, Migration and the New Security Agenda in Europe*. London: Pinter.

Walker, R. B. J. 1993. *Inside/Outside: International Relations as Political Theory*. Cambridge: Cambridge University Press.

Weber, Cynthia. 1995. *Simulating Sovereignty: Intervention, the State and Symbolic Exchange*. Cambridge: Cambridge University Press.

Weldes, Jutta. 1999. *Constructing National Interests: The United States and the Cuban Missile Crisis*. Minneapolis: University of Minnesota Press.

Wendt, Alexander. 1987. "The Agent–Structure Problem in International Relations Theory." *International Organization* 41, no. 3: 335–70.

———. 1992. "Anarchy Is What States Make of It: The Social Construction of Power Politics." *International Organization* 46, no. 2: 391–425.

———. 1994. "Collective Identity Formation and the International State." *American Political Science Review* 88, no. 2: 384–96.

———. 1999. *Social Theory of International Politics*. Cambridge: Cambridge University Press.

Wight, Colin. 2006. *Agents, Structures and International Relations: Politics as Ontology*. Cambridge: Cambridge University Press.

Zehfuss, Maja. 2001. "Constructivism and Identity: A Dangerous Liaison." *European Journal of International Relations* 7, no. 3: 315–48.

찾아보기

지은이

은용수

한양대학교 정치외교학과 교수이며, 영국 라우튼리지(Routledge) 출판사의 IR Theory and Practice in Asia 총서 편집장을 맡고 있다.

국제정치이론을 주로 연구해 왔으며 특히 대안적인 시각으로 기존의 문제를 재해석하고 새로운 방향을 찾는 데 관심을 갖고 있다.

주요 연구로는 약소국의 주체적 행위성과 21세기의 새로운 국제질서를 논의한 논문 "Unpacking the dynamics of weak states' agency"(2022), 질 들뢰즈의 리좀(rhizome) 개념을 중심으로 국제정치연구의 발전방향을 제시한 논문 "Calling for IR as "becoming-rhizomatic""(2021), 그리고 서구중심주의라는 오랜 문제를 자기성찰적으로 접근한 논문 "An Intellectual Confession from a Member of the 'Non-Western' IR Community: A Friendly Reply to David Lake's "White Man's IR""(2019)이 있으며, 탈서구적 국제정치이론 개발과 관련된 지식사회학적 난제와 해법을 제시한 저서 *What is at Stake in Building "Non-Western" IR Theory?*(2018)가 있다.

"혼종 식민성: 탈식민주의로 바라본 한국의 외교안보정책"이라는 논문으로 2021년도 한국국제정치학회 학술상을 수상하였다.